DER WEG IN

O

Die Offene Volkswirtschaft

„WIE ALLES SICH ÄNDERT, WAS
IHR ÜBER DIE WELT WISST"

Colin R. Turner

Originaltitel: Into The Open Economy
Alle Rechte vorbehalten ©2016 Colin R. Turner.

Verlag Applied Image, Januar 2017
ISBN: 978-0-9560640-6-6
Erstausgabe 2016 (Englischer)
Text Version 1.1

Bearbeitet von Krisztina Paterson.
Übersetzt ins Deutsche von Gundula Dieterle-Vernet

Weitere Informationen zu diesem Buch, sowie Neuausgaben
können unter folgender Adresse abgerufen werden:
freeworlder.com
facebook.com/colinrturner.author

Bitte um schriftliche Anfrage unter:
admin@freeworldcharter.org

VOM SELBEN AUTOR

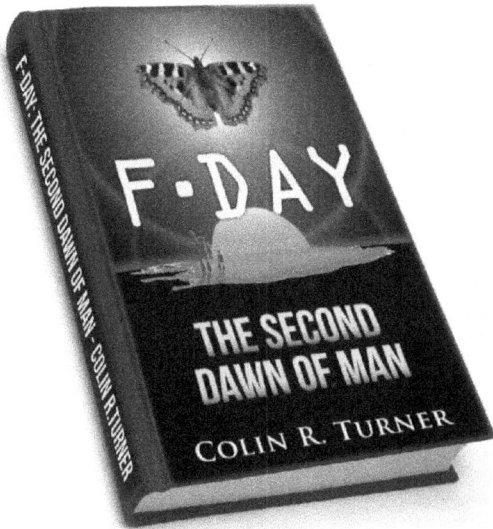

F–DAY: THE SECOND DAWN OF MAN
(F-DAY: DER ZWEITE ANBRUCH DER MENSCHHEIT)

EINE DRAMATURGISCHE FIKTION DER ENTSTEHUNG
EINER OFFENEN VOLKSWIRTSCHAFT

★★★★★
LESER BEWERTETEN DIESES BUCH MIT 5 STERNEN

BEI AMAZON ERHÄLTLICH
(DERZEIT NUR IN ENGLISCHER ORIGINALAUSGABE)

Das Leben ist ein offenes
Geheimnis.

Alles steht zur Verfügung.
Nichts ist uns verborgen.

Wir müssen nur unsere Augen
aufmachen.

~ OSHO

Contents

Ein Angebot

Als betroffener Erdenbürger habe ich dieses Buch mit den besten Absichten geschrieben. Ich bin davon überzeugt, dass mich dieser Status genauso wie jeden anderen dazu befähigt, meine Ansichten und Alternativen zur bestehenden Gesellschaft darzulegen, die meiner Meinung nach dringendst zum Ausdruck begracht werden sollten. Bevor wir einsteigen, möchte ich noch folgendes klären:

➢ Wer ein komplexes Programm oder verschachtelte Theorien erwartet, wird hier nicht fündig. Die hier vorgestellten Ideen sind ganz einfach, weil die vorgestellten Lösungen dazu ebenso einfach sind.

➢ Wer ein verbindliches Dokument erwartet, voller Zitate, Referenzen und einen Autor mit qualifizierten Zertifikaten, wird hier nicht fündig. Alle Ideen, die hier zum Ausdruck gebracht werden, entspringen gesundem Menschenverstand und täglicher Erfahrung. Meine einzige Qualifikation sind 48 Jahre Lebenserfahrung, von denen ich die letzten fünf Jahre, seitdem ich *The Free World Charter* (Die Freie Welt Charta) verfasst habe, diesem Thema sehr viel Zeit gewidmet habe.

➤ So gut wie nichts in diesem Buch ist neu. Die hier vorgestellten Ideen sind euch mit ziemlicher Sicherheit schon bekannt. Das einzig Besondere ist, wie wir diese Ideen anwenden oder kombinieren.

Wenn ihr euch auf diese "Regeln" einlassen möchtet und euch für erstaunliche Möglichkeiten unserer Zukunftsgestaltung interessiert, dann mir nach...

Einführung

Das Format dieses Buches – wie auch alles damit Verbundene – ist einfach. Ich präsentiere eine Lösung für ein Problem oder eine Alternative, um etwas zu erreichen, und dann erkläre ich warum ich glaube, dass das funktioniert. Die Beweise und Referenzen zu meinen Behauptungen sind (hoffe ich) selbsterklärend, wenn ihr euch auf eure *eigenen* Erfahrungen stützt.

Wenn es darum geht etwas Neues zu lernen, gibt es einfach keine bessere Methode als seine eigene Erfahrung zu machen. Deswegen denke ich, dass dieser Ansatz der beste ist, um die Offene Volkswirtschaft zu erklären. Anstatt unsere Zeit damit zu verschwenden, Berge von Daten durchzukauen, kann ich euch zeigen, wie's funktioniert, und zwar aufgrund dessen, was ihr *schon wisst*.

Unsere Weltanschauung ist von Theorien geprägt. Theorien über Verhaltensweisen und wirtschaftlichen Grundsätzen, die uns heute meiner Meinung nach in unserem Handlungsrahmen einschränken.

Ich erinnere daran, dass Wissensgebiete wie die der Wirtschaftswissenschaften und des menschlichen Verhaltens auf *Beobachtungen* begründet sind. Es wird weder eine Zukunft festgelegt, noch gibt es Regeln, denen wir folgen müssen.

Viele dieser auf Beobachtung begründeten Theorien wurden vor Jahrhunderten definiert. Seitdem haben Mechanisierung, Elektrizität, Computer und Kommunikation unsere Welt für immer verändert. Dies hat uns das Potential zur radikalen Veränderung unserer Umwelt und dadurch auch unserem Verhalten *und* unserer Wirtschaft verschafft.

Unsere Welt verändert sich ständig. Und auch wenn wir überzeugende Theorien aufstellen, wir unterliegen ihnen nicht.

Unsere weit wertvollste Bezugsquelle ist unsere eigene Lebenserfahrung und die unserer Mitmenschen. Medien und vorherrschende Meinungen geben eine verquere Weltsicht ab. Aktionen „böser" Menschen wird übertriebene Aufmerksamkeit geschenkt, dabei sind sie meistens *die Ausnahme normalen Verhaltens*. Die Anzahl wirklich schlechter Menschen auf dieser Welt ist statistisch gesehen wirklich vernachlässigbar. Das sollten wir *immer* im Hinterkopf behalten.

Fast alle, an die ich denken kann – also die ich persönlich kennengelernt habe – sind vernünftige, anständige Menschen. Auch wenn sie nicht immer alle anständig mit mir umgegangen sind, weiß ich, dass sie mit den Leuten, die ihnen *wirklich* wichtig sind, anständig umgehen und verstehen, was es heißt „gut und richtig" zu handeln.

Das scheint auch die Erfahrung derer zu sein, die ich dazu befragt habe. Die überwiegende Mehrheit der Leute sind gute Menschen. Ich hätte gerne, dass ihr diese Perspektive bewahrt, wenn ihr das hier vorgestellte Konzept bewertet. Eure Schlussfolgerungen sollten *ausschließlich* dem Verhalten von Leuten zugrunde liegen, die ihr persönlich kennengelernt habt, und nicht dem vom Hörensagen.

Zum Abschluss möchte ich noch etwas zu der etwas dreisten Aussage auf dem Buchumschlag sagen: *„Wie alles sich ändert, was ihr über die Welt wisst"*, und ihr wundert euch vielleicht, was mich zu einer solchen Aussage befähigt. Also, ich glaube, dass ich das so sagen kann, weil diese Aussage in Wirklichkeit ein zweischneidiges Schwert ist.

Die Welt, die ihr kennt, ist dabei sich zu verändern – entweder in genereller Anlehnung an das Prinzip, wie in diesem Buch beschrieben, in Richtung einer faireren, nachhaltigeren Zukunft für alle – oder sie rennt weiter blindlings in Richtung gesellschaftlichen Verfalls, Gewalt und Umweltkatastrophen. Es *muss* in eine dieser Richtungen weitergehen.

Ich würde ja die erste Version bevorzugen – und das Gute daran ist, dass wir das alle mit minimalstem Aufwand selbst organisieren können. Lasst uns doch gleich damit anfangen.

Das (die) Problem(e)

Dieses Buch soll Lösungen aufzeigen, also will ich hier nicht zu sehr auf den Problemen dieser Welt herumreiten. Die meisten sind sowieso offensichtlich, aber für den Fall, dass ihr welche vergessen haben solltet, hier ein kurzer Überblick:

➤ Anhaltendes Wirtschaftswachstum – das immer mehr Ressourcen verschlingt – gekoppelt mit Bevölkerungswachstum auf einem Planeten mit beschränkten Ressourcen.

➤ Schonungslose und permanente Zerstörung von natürlichem Lebensraum für Industrie und Landwirtschaft auf Kosten der Biodiversität.

➤ Enorme Einkommensunterschiede und soziale Ungleichbehandlung.

➤ Arbeitslosigkeit und Aushöhlung des Arbeitsmarkts durch Automatisierung und Systeme künstlicher Intelligenz.

➤ Unverantwortliches Verhalten, Müll und Unwirtschaftlichkeit zu Gunsten des Profits, was z.B. gut für andere oder die Umwelt ist wird entweder einem glücklichen Zufall überlassen oder muss durch Gesetze geregelt werden.

> Ressourcenverschwendung und schwache Leistungen durch kurzsichtige Produktionsmethoden – z.B. ist es profitabler etwas Minderwertiges regelmäßig zu verkaufen, als etwas herzustellen, das länger hält.

> Zwischenmenschliche und kommunikative Trennung, z.B. fördern Kommerz und Wettbewerb die Isolierung der Menschen voneinander.

Vielleicht sollte ich noch hinzufügen, dass diese Probleme in keiner bestimmten Reihenfolge aufgelistet sind. Jedes einzelne ist ein ernstzunehmender Punkt für sich.

Wenn man genauer hinsieht, ist jedes einzelne dieser Probleme der Marktwirtschaft zuzuschreiben oder um es genauer auszudrücken: Unserer Hauptverfahrensweise der Ressourcenverteilung und dem Verhalten unserer Gesellschaft, nämlich: *Handel und Regierung*.

Da aber die meisten Leute generell einmal annehmen, dass Handel einen unumgänglichen Teil unseres Lebens darstellt, könnte man sich ja die Frage stellen: Können wir unsere Handels- und Regierungssysteme so verbessern, dass sie allen gerecht werden?

Die Möglichkeit, das zu verbessern, was schon vorhanden ist, ist definitiv da – und viele fortschrittliche Regierungen tun das auch – aber diese

Systeme sind schon durch ihre eigentliche Funktionsweise eingeschränkt und unwirtschaftlich. *Wir können es uns einfach nicht mehr leisten, noch mehr Zeit und Planeten zu verschwenden und uns weiterhin so einschränken.*

Im folgenden werde euch zeigen, was ich damit meine.

Grenzen der Regierungsgewalt

Erst einmal muss man sehen, dass traditionell geführte Regierungen nicht mehr als eine Erweiterung des kommerziellen Systems sind, deren grundlegende Aufgabe es ist, die Wirtschaft zu überwachen und zu regulieren.

Nehmen wir einmal an, wir bräuchten gar kein Handelssystem irgendeiner Art. Kein Markt, kein Geld, keine Arbeit, Löhne, Rechnungen und Steuern. Dann wird es schnell klar, dass in einem solchen System eine Regierung weder Macht noch Sinn hätte.

Da sie *selbst Teil* der Wirtschaft ist, beeinträchtigt sich die Regierung durch ihr eigenes Wirken. Man hört ständig von Kürzungen in den Staatsausgaben, Staatsschulden oder Meldungen über Korruption, Vetternwirtschaft und Zinsvorteilen bei ungünstigen Regelungen. Die Regierung – und jedes ihrer Mitglieder – ist der Wirtschaft mehr oder minder stark unterworfen und hat daher sehr eingeschränkte Kontrollmöglichkeiten.

Was sie tun kann ist Geld drucken, staatliche Fördergelder vergeben und Zinssätze bestimmen. Aber jeder Ökonom wird betätigen, dass Geld drucken keine Lösung ist. Das treibt mit der Zeit nur die Preise in die

Höhe. Staatliche Ausgaben und Zinssätze kontrollieren die Wirtschaft nicht – sie sind nicht mehr als *Reaktionen* darauf. Wenn die Wirtschaft boomt, gibt die Regierung Geld aus, wenn sie rückläufig ist, spart sie Geld ein.

Anstatt Wirtschaft zu betreiben, ist alles was die Regierung wirklich macht nur „Haushalten" so gut sie eben kann mit dem was die Gesamtwirtschaft vor ihrer Haustür hergibt.

Wenn man die Nationsidee betrachtet – die jahrhundertealten Grenzen, durch die wir uns selbst definieren – findet man nicht mehr Sinn und Zweck darin, als dass sie der Regierung ihre Existenzberechtigung verschafft. Natürlich brauchen wir lokale Verwaltungen, aber diese veraltete Vorstellung von voneinander abgegrenzten „Nationen", die den freien Personen- und Güterverkehr behindern, ist im 21. Jahrhundert doch irgendwie absurd – und in gefährlicher Art und Weise abgrenzend.

Obwohl wehende Flaggen manchen wohl Nationalstolz vermitteln, ziehen sie auch Feindseligkeit von Außenstehenden auf sich. Welchem Zweck dient diese Trennung denn?

Wenn man einmal darüber nachdenkt, dass wir alle in Länder hineingeboren wurden, für deren Gründung wir weder Hand angelegt noch sonstwie agiert haben oder beteiligt waren, worauf sind wir denn dann stolz?

Es gibt so viel sinnvollere Dinge auf die man stolz sein kann, wie unsere eigenen Erfolge, unsere Kinder oder unser Team, usw.

Vielleicht ist es euch auch schon aufgefallen, dass die Regierung bei Weitem nicht der größte Verfechter des Patriotismus ist. Ich glaube, solange Menschen sich als Teil eines „Landes" fühlen, akzeptieren sie auch am ehesten die Legitimität einer Regierung. Aber betrachtet einmal die Leute, die ihr kennt. Wie vielen davon sind Landesgrenzen wirklich wichtig? Für die meisten Durchschnittsmenschen sind Grenzen nicht mehr als eine Unannehmlichkeit beim Reisen.

Und wie sieht es mit der Gesetzgebung aus? Ist das nicht eine wichtige Funktion der Regierung?

Gut, aber wir sollten uns dann erst einmal fragen, warum wir überhaupt Gesetze haben. Weil manche Menschen böse Dinge tun. Aber *warum* tun manche Menschen böse Dinge? *Das* ist die Frage, die sich eine intelligente Spezies stellen sollte, bevor sie sich endlos mit Vergeltung, Justiz und Gesetzestexten auseinandersetzt. Man sollte doch eher die Gründe für anti-soziales Verhalten hinterfragen und sich direkt um diese Probleme kümmern.

Wenn man Gesetze braucht, die uns sagen, was wir tun können und was nicht, ist das nicht eigentlich ein Zeichen für ein System, das die Bedürfnisse der Menschen nicht befriedigen kann und zeugt das nicht von einer unzureichend gebildeten Bevölkerung? Sollten wir nicht eher eine Gesellschaft anstreben, in der der Mensch anderen gar kein Leid antun *will oder muss*?

Gesetzgebung ist ein idiotensicheres Mittel, um unser eigenes Versagen, eine vernünftig gebildete, sich selbst versorgende Gesellschaft zu gründen, nicht zugeben zu müssen. Wenn man den Menschen das gibt, was sie brauchen, müssen sie einen nicht bestehlen. Bestärke Menschen darin, ihrer natürlichen Empathie zu folgen, dann werden sie verstehen, warum sie dir nichts Böses tun. Das wird Kriminalität natürlich nicht komplett ausräumen, aber es wird sie zu gut 99% reduzieren.

Wir werden uns mit Gesetzgebung und Bildung noch in späteren Kapiteln weiter im Detail beschäftigen.

Grenzen des Handels

Handel ist ein natürliches Nebenprodukt von Knappheit. Wenn es schwierig ist, etwas zu bekommen das man braucht – ob Dinge oder Kompetenzen – entwickelt sich üblicherweise ein entsprechender Handel. Im Großen und Ganzen ist das ein gutes System: Ich bekomme was ich will, du bekommst was du willst und alle sind am Ende zufrieden. Was kann daran falsch sein?

Gut, aber wenn man einmal die Welt um sich herum betrachtet, wird einem schnell klar, dass diese Lehrbuchversion des Handels außerhalb des Lehrbuchs nicht so gut dasteht. Wertvolle Ressourcen werden monopolisiert; Erwerbsmotivation zerstört die Umwelt; finanzieller Reichtum wird stark konzentriert; die Möglichkeit, seine Arbeitskraft und sein Können um einen angemessenen Preis zu verkaufen, wird durch technischen Fortschritt immer weniger, was dazu führt, dass Handel immer schwieriger wird.

Fakt ist, dass jedes freie Markthandels- und Privateigentumssytem *immer* zur Konzentration von Reichtum und Macht führen wird. Warum ist das so? Die Gründe sind dramatischerweise einfach: 1) manche Leute haben einfach mehr Verhandlungsgeschick als andere, und 2) ist es viel einfacher *bestehenden Reichtum zu vervielfachen*, als neuen zu erlangen. Man kann z.B. seine Dienste und sein Können effizienter anbieten, qualifizierte Mitarbeiter einstellen, die einen unterstützen und dabei einfache Fehler vermeiden.

Anhäufung von Reichtum ist *grundsätzlich unumgänglich* in einem System mit Markthandel und Besitztum. Dabei entsteht immer eine Aufwärtsspirale, die Reichtum stetig in die gleiche Richtung treibt.

Ein wichtiger Punkt ist auch, dass jedes System, das mit Knappheit arbeitet, damit auch immer Anreiz zu geizigem und eigennützigem Verhalten schafft. Knappe Güter anhäufen zu wollen ist ganz natürlich. Der gedankliche Prozess ist der gleiche, ob man nun gerne ein zweites Stück Brot haben möchte oder ein zweites Sportboot: „Ich kann das nicht so einfach haben, also will ich mehr." Man lasse diesem Knappheitsgedanken etwas Zeit zum Wirken und man landet genau dort, wo wir uns im Moment befinden – die Hälfte des Weltreichtums ist in den Händen von weniger als hundert Leuten.[1]

Und auch wenn dies alles nicht stimmen sollte, gibt es einen zweiten Grund, warum Handel so eingeschränkt funktioniert. Unsere Technologie.

Der technologische Fortschritt hat heute einen Status erreicht, in dem es unwahrscheinlich einfach ist, das zu

---

[1] Gemäß des Oxfam Davos Reports von 2016 *„Die 1% Ökonomie"* (*'The Economy of the 1%"*) ist die Hälfte des Weltreichtums in den Händen von 62 Personen.

produzieren, was wir brauchen, verglichen mit dem was, sagen wir, vor hundert Jahren möglich war. Das ist toll, aber das heißt auch, dass wir den Arbeitsmarkt komplett aushöhlen. Wenn eine Arbeitsleistung ersetzt werden kann, wird das sofort gemacht, und der Arbeitsplatz verschwindet für immer.

Weil immer mehr Menschen durch Maschinen ersetzt werden, steigt die Arbeitslosenrate, die Kaufkraft, die diese Menschen hatten, wird geringer, und das System funktioniert damit immer schlechter.

Drücken wir es einmal ganz klar aus: Ohne Arbeit *keine Volkswirtschaft* und heutzutage verlieren wir ständig Arbeitsplätze durch technologischen Fortschritt.

Damit ist unser perfektes Lehrbuchhandelssystem blockiert. Der einzige Grund warum es überhaupt noch funktioniert sind Kredite. Aufgrund der anhaltenden Aufwärtsspirale des Reichtums – ohne Rückkehr – müssen Regierungen und Banken immer mehr Kredite vergeben, um das System aufrecht zu erhalten. Das ist die Welt in der wir heute leben: Eine Wirtschaft, die ausschließlich von Krediten angetrieben wird. Oder, um es ganz banal auszudrücken: Durch etwas, das es *gar nicht gibt*.

Wenn das nur „nichts" wäre. Wirtschaftlich gesehen sind das aber die *zukünftigen Schulden, die wir unseren Kindern hinterlassen*, die minütlich Zinsen anhäufen.

Wenn wir diese Richtlinien nie ändern würden, was für ein sozusagen zur Arbeit verpflichtendendes Erbe wäre das denn?

Der Kreditfluss, der von kommerziellen Banken[2] geschaffen wird, ist die Hauptquelle allen Geldes, das wir in unserem System haben – was in sich einen Widerspruch darstellt: Wie kann man Zinsen auf einen Kredit zahlen, wenn das Geld um diese Zinsen zu bezahlen *gar nicht existiert*?

Der einzig mögliche Weg ist über noch mehr Schulden, die einen kontinuierlichen Zyklus von Schulden, Inflation und steigenden Steuern erzeugen. Diese Situation ist doch ganz klar unrealistisch und unhaltbar.

---

2   Kommerzielle Banken erschaffen wirklich das meiste neue Geld durch Kredite. Googelt einmal nach „Geldschöpfung" („Money creation in the modern economy")

Vereinsamung

Einer der schädlichsten Nebeneffekte des Marktsystems ist, dass es uns voneinander entfernt.

Großunternehmen nutzen unsere Scham-, Schuld- und Konkurrenzgefühle zu Werbezwecken aus und bringen uns damit dazu, ihre Produkte zu kaufen. Deren profitorientierte Vorstellung ist nicht mehr als ein in die Gesellschaft eingespeister Massenabsatz, der durch mächtige Werbeprogramme hervorgerufen wird, die uns vom wahren Preis ablenken, den wir für ihre Produkte mit unserer Gesundheit und durch soziale und psychologische Probleme bezahlen.

Uns werden Artikel zu Dumpingpreisen angepriesen, doch denken wir selten darüber nach – oder man verheimlicht es uns – welche Maßnahmen für diese Schnäppchen notwendig waren. Die meisten „Günstigangebote" werden üblicherweise entweder durch Ausbeutung von Menschen oder durch unverantwortlichen Ressourcenabbau erzielt.

Dieser Superprofitzwang hat ein Monster erschaffen – eine ausgewachsene Konsumgesellschaft, die uns hypnotisiert und uns gierig auf Flitterkram und unnötiges Zeug macht – und das heimlich und auf Kosten unseres Selbstwertgefühls, unserer

Beziehungen untereinander und der natürlichen Ressourcen.

Der Gebrauch von Geld an sich schon macht eine menschliche Beziehung zwischen Kunde und Verkäufer überflüssig. Man kann in einen Laden gehen und einen Apfel kaufen, ohne ein Wort an den Mitmenschen zu richten, der uns den Apfel verkauft. Haben wir da nicht vielleicht ein tolles Gespräch oder eine einmalige Gelegenheit verpasst, etwas zu lernen?

Der Marktmechanismus übergeht die Erhaltung von Produkten, wenn es billiger ist, etwas wegzuwerfen, als es zu reparieren.

Das aber vielleicht Gefährlichste an diesem System ist, wie es uns von unserem gesunden Menschenverstand und unseren Moralvorstellungen abbringt.

Jede Handlung, sei es, dass wir nur an einem umgefallenen Mülleimer vorbeigehen (weil er uns ja nichts angeht) oder einen Schießbefehl ausführen und jemanden umbringen, stellt einen weiteren Schritt dar, der uns von unserer Umwelt und uns selbst entfernt. Wir *entfernen uns immer weiter von unserer Eigenverantwortung*.

Vielleicht sollte man einfach einmal umdenken und sehen, dass ein normaler Kriegssoldat, der Befehlen folgt, eigentlich ein Mörder ist. Er oder sie hat kein Gewissen und keine innere Moralvorstellung mehr, die ihm oder ihr verbietet, andere umzubringen oder deren Hab und Gut zu zerstören. Ist es nicht unfassbar, dass fast alle in unserer Gesellschaft das als normal betrachten? Und in manchen Fällen sogar ehrwürdig?

Wie weit muss man von der Wirklichkeit entfernt sein, damit man munter Leute umbringen und dabei noch das Gefühl haben kann, alles richtig gemacht zu haben? In jedem anderen Kontext würde ein Mensch, der sich so verhält, als Psychopath bezeichnet.

Dieses verinnerlichte Gefühl der Abtrennung von unseren Mitmenschen mit den Konsequenzen unseres Handelns ist der Grund für die chaotische Missstimmung und für den Vertrauensverlust, den wir heute alle in dieser Welt spüren.

Wir sind verwirrt, unsicher und trotz der ganzen wunderbaren Kommunikationstechnologie isolieren wir uns immer mehr.

Zwei mögliche Lösungsansätze

Die bevorzugte Lösung zur Finanzkrise, die uns die angesehensten Wirtschaftsexperten anbieten, ist, das Problem einfach vor uns herzuschieben – weil sie ganz einfach nicht wissen, was sie sonst damit anstellen sollen. Unsere tausende von Milliarden umfassenden weltweiten Schulden bleiben auf den Anzeigetafeln stehen wie ein gigantischer Rechenfehler. Aber hier handelt es sich nicht um einen Fehler in der Buchhaltung – sondern um einen Fehler in der Verwaltung.

Unser Handels- und Regierungsmodell kann dieses Problem nicht lösen, weil die Menschheit einfach aus diesem Modell herausgewachsen ist. Und nun?

Eines ist sicher. Wir *werden* unsere Gesellschaft radikalen Veränderungen unterwerfen müssen, ansonsten *werden* wir von radikalen Veränderungen betroffen sein, weil unsere Probleme uns dem sozialen, wirtschaftlichen und ökologischen Kollaps immer näher bringen.

Heute haben wir noch die Wahl und die Gelegenheit, unsere Zukunft objektiv zu betrachten und den richtigen Weg einzuschlagen. Wenn wir jetzt angemessen handeln, können wir die Art von Welt kreieren, von der unsere Vorfahren alle irgendwann einmal geträumt haben müssen – komplett ohne Dienstbarkeit, ohne harte Arbeit und mit Freizeit, in der wir uns unseren Lieblingsbeschäftigungen hingeben können.

Aber wir haben nicht mehr wirklich viel Zeit dafür und dazu noch ein anderes Problem. Die Leute, die normalerweise dafür zuständig sind, soziale Veränderungen beizubringen, sind am Steuer eingeschlafen – oder mindestens zweifellos total benebelt.

Diese Leute, unsere Politiker – und ich möchte hier noch gesagt haben, dass sie es ja gut mit uns meinen – haben einfach keine hinreichende Weitsicht oder ausreichenden Antrieb für radikale Veränderungen. Fast alle Politiker dieser Welt sind bereits reiche Leute, sonst wären sie gar nicht an diese Machtpositionen gekommen. Das derzeitige monetäre Marktsystem ist ihre *Lebensgrundlage*. In ihren Augen wäre es absoluter Blödsinn, gegen dieses System zu stimmen.

Also müssen wir, das Volk, uns der Herausforderung stellen, die Veränderungen selbst beizubringen.

Wenn wir ernsthaft bereit sind, die radikalen Veränderungen vorzunehmen, die zur Lösung unseres Problems notwendig sind, dann gibt es eigentlich wirklich nur zwei ernstzunehmende Ansätze.

Erster Lösungsansatz

Wir basteln uns einen frankensteinähnlichen Wirtschaftsneustart mit weltweitem Schuldenerlass, entledigen uns aller Schurken, die unsere Unternehmen, Banken und Regierungsministerien leiten, zerstören ihre Gruppen und Institutionen, verteilen Besitz und Reichtum weltweit neu, reduzieren die Wochenarbeitszeit und besetzen Staatsmandate frisch, direkt vom Volk.

Das ist heute die bevorzugte Lösung der meisten radikalen Change Agents. Natürlich werden die Reichen mit ziemlicher Sicherheit nicht damit einverstanden sein. Aber selbst wenn sie es wären, oder wenn wir sie irgendwie dazu zwingen könnten, kämen wir einfach nur wieder dahin, wo wir angefangen haben, weil der gleiche Effekt der Reichtumskonzentration in der Aufwärtsspirale wieder einsetzen würde, genauso wie weiter Profit auf Kosten der Umwelt gemacht werden würde und der Arbeitsmarkt rückläufig bliebe.

Anders ausgedrückt, hätten wir eine nagelneue reiche Elite und genau die gleichen fundamentalen Probleme, weil wir *logischerweise immer wieder da ankommen müssen mit unserem System.*

Die Analogie zwischen Marktkapitalismus und einem Monopoly-Spiel könnte nicht passender sein. Bei jedem Wettbewerb, dessen Grundsatz Knappheit ist, geht die

Tendenz dahin, dass es nur einen Gewinner gibt. Unser Wirtschaftssystem neu zu starten wäre so, als ob man das Monopolybrett abräumen und ein neues Spiel anfangen würde. Solange wir dieselben Spielregeln haben, kommen wir auch wieder zum selben Ergebnis: Konzentrierter Reichtum und ein Haufen Verlierer.

Zweiter Lösungsansatz

Wir hören einfach auf damit, nehmen etwas Abstand und sehen uns das Ganze einmal von außen an. Was ist eigentlich wichtig für uns im Leben und auf lange Sicht für unsere Existenz auf diesem Planeten? Wozu sind wir technologisch wirklich fähig? Welche Grenzen sind echt, und welche bilden wir uns nur ein? Wie können wir unsere nützlichsten und am besten verfügbaren Ressourcen in den Vordergrund rücken – uns selbst? Ist es möglich, eine bessere, freie Gesellschaft komplett ohne Handel und Regierung zu betreiben?

Die Antwort lautet *ja, natürlich ist das möglich*. Und ich werde euch zeigen, dass wir in vielen Aspekten schon genau das tun.

Die Methoden und Ideen einer Offenen Volkswirtschaft außerhalb von Handel und Regierung kennen wir alle schon. Wir müssen sie nur auf neue Art und Weise anwenden.

Aber eine Offene Volkswirtschaft verlangt nicht einfach nur, dass wir uns ein paar neuen Regelungen anpassen, damit wir überleben können, sondern wir können jetzt eine historische Gelegenheit ergreifen und unsere primitiven, feudalistischen Methoden ablegen und ein fantastisches, lebendiges Paradies für alle erschaffen.

Eine Pause zum Nachdenken

Bevor wir weitermachen, möchte ich gleich denjenigen die Stirn bieten, die behaupten „xxx" sei nicht möglich" oder „die Leute seien zu „xyz" als dass so etwas funktionieren könnte".

Das ist absoluter Blödsinn. Wir können *sehr wohl* das machen, was wir wollen. Wir sind doch keine Opferlämmer, die ihrem Schicksal unweigerlich ausgeliefert sind. Im Gegenteil, wir sind hoch anpassungsfähige Kreaturen – was schon unser bemerkenswerter Evolutionsprozess eindeutig zeigt. Aber fast alle unsere derzeitigen Erwartungen an das Leben wurden von einer *Räuberkultur geprägt, die man uns so beigebracht hat.*

Wir werden als unbeschriebene Blätter in diese Welt hinein geboren und können uns deshalb auch auf unterschiedlichste Weise programmieren.

Überlegt euch einmal, wie vielfältig und breitgefächert, durch die Kultur vor Ort geprägt, das menschliche Verhalten in der Welt ist. Denkt einmal an den abgelegen lebenden patagonischen Hirten, den treuen nepalesischen Sherpa, die kluge Zulu Stammesfrau, den amerikanischen Pornostar, die brutalen Nazigeneräle oder islamistischen Fundamentalisten, den milliardenschweren Playboy, den Bettler auf der Straße, den stillen, im Zölibat lebenden Mönch, die alleinstehende Mutter von vier Kindern, den erfolgreichen Jungunternehmer, den hoffnungslosen Trinker.

Wenn ihr euch einmal davon frei gemacht habt, manche als gut und andere als schlecht zu bewerten, könnt ihr bestaunen, *in welcher überwältigenden Vielfalt sich eine einzige Kreatur zum Ausdruck bringen kann* – und das ist doch echt toll! Es zeigt uns, wie beeinflussbar wir sind – abhängig von unserem direkten Umfeld und unserem Wertesystem.

Seht euch nur einmal an, wie einfach die westliche Gesellschaft von der Popkultur beeindruckt werden kann, von den neuesten Filmen, Popstars, Modetrends, den neuesten technischen Spielereien, die man unbedingt haben muss, oder vom Top-Start-Up-Unternehmen im Silicon Valley. Und seht euch an, wie begeistert wir Prominentenskandale verfolgen, obwohl sie absolut nichts mit unserem täglichen Leben zu tun haben.

Ob ihr es hören wollt oder nicht, wir Menschen sind extrem form- und beeinflussbare Kreaturen. Aber andererseits ist das auch gut so, weil das auch zeigt, wie anpassungsfähig wir sind. Wir müssen uns nur mit dem „richtigen Programm" speisen.

Das einzige, was man mit vollkommener Sicherheit

von der „Natur" des Menschen behaupten kann ist, dass wir alle für eines vorprogrammiert sind: *Überleben*. Alles andere, was unser Verhalten noch bestimmt, stammt im Endeffekt von diesem Programm. Der Wunsch nach Erfolg, im Wohlstand zu leben, bekannt zu sein, Nachkommen zu schaffen – das alles sind lediglich Auswüchse unseres persönlichen Überlebensdrangs.

Wenn also jemand sagt: „Menschen sind egoistisch", bezieht er sich eigentlich auf die *Umwelt*, die egoistisches Verhalten lehrt und belohnt.

Kurzum, wenn wir die uns in der menschlichen Gesellschaft zur Verfügung stehenden Möglichkeiten betrachten, ist *die Erschaffung jeder nur erdenklichen Gesellschaftsform* möglich. Solange diese Gesellschaft die Grundbedürfnisse ihrer Bevölkerung zum Überleben abdeckt, floriert sie auch.

Was ist eine Offene Volkswirtschaft?

Den Begriff „Offene Volkswirtschaft" habe ich wie folgt abgeleitet:

> ➢ **OFFEN (AdÜ: im Original OPEN):** Von der Open Source Softwareindustrie: *dezentralisiert, gemeinnützig, kostenlos.* Von der allgemein gängigen Definition: *uneingeschränkt, ehrlich, transparent.*

> ➢ **VOLKSWIRTSCHAFT (AdÜ: im Original ECONOMY):** Vom urprünglich französischen Wort „économie": *Ressourcenwirtschaft*, und vom altgriechischen „oikonomia": *Hauswirtschaft.*[3]

Ich würde sie also folgendermaßen definieren:

Eine Offene Volkswirtschaft ist die Anwendung eines offenen Vertriebsmodels im Vergleich zum traditionell geschlossenen System. Oder anders ausgedrückt, anstatt dass jeder Einzelne nur nach seinem eigenen Vorteil sucht, wird es zur Selbstverständlichkeit

---

3   Im modernen Sprachgebrauch ist die wirkliche Bedeutung des Wortes „Ökonomie" verlorengegangen und wurde zu wild wuchernden Theorien und meiner Meinung nach einer besonders gefährlichen Markenbezeichnung einer Pseudowissenschaft. Ökonomie ist ein ganz einfaches Konzept: *wie verteile ich Ressourcen wirkungsvoll und fair.* Ein Beispiel, das ich oft anführe, um „Ökonomie" zu definieren, ist das Bild von Kindern und Äpfeln – alles, was komplizierter als das ist, ist etwas anderes, das sich hinter der *Maske* Wirtschaftswissenschaften versteckt.

erklärt, das jeder alle teilhaben lässt, sich selbst natürlich eingeschlossen.[4]

Natürlich ist eine Offene Volkswirtschaft nicht *nur* ein Wirtschaftssystem. Sie ist auch ein Ansatz, das Gesamtsystem in eine optimale, mitfühlende menschliche Gesellschaft umzuwandeln, die jedes Mitglied gleichermaßen bedient. Das kann nur dann verwirklicht werden, wenn wir uns von unseren gewohnten Handelseinschränkungen und unserer Regierung verabschieden und uns dazu entschließen, ein gemeinsames Ziel anzustreben.

Jeder möchte in einer besseren Welt leben – darüber gibt es gar keinen Zweifel. Aber unser verzweifelter Versuch, unseren eigenen Wohlstand zu erarbeiten, führt zur Abschottung von anderen und im Endeffekt zu einer Industrie, die in Wirklichkeit alles nur noch schlimmer für alle macht – auch für uns selbst.

Offene Volkswirtschaft bedeutet, dass wir unsere Prioritäten gemeinsam setzen müssen und sie uns so zu einem gemeinsamen Ziel führt. Das heißt auch begreifen, dass eigennütziges Denken unseren langfristigen Interessen widerspricht. Wenn jeder seine Prioritäten vom „Ich" zum „Wir" verlagern würde, ginge es uns *allen* besser.

---

4 Um Missverständnissen vorzubeugen, ist hier eine Zusatzerklärung angebracht. In der Volkswirtschaftslehre wird der Begriff „Offene Volkswirtschaft" benutzt, um den internationalen Handel von einem Land aus zu beschreiben. Das ist *nicht* die Definition, auf die ich mich hier beziehe.

Stellen wir uns einmal zum Beispiel ein Fass voller Fische vor mit sieben Leuten, die darin fischen. Jeder versucht, so viele Fische wie möglich zu fangen, um sich zu ernähren. Jeder fischt so mehr oder weniger gleich viel. Keiner kann es sich erlauben, damit aufzuhören, um sich darum zu kümmern, dass die Versorgung nicht abbricht oder zu überwachen, dass die Wasserqualität in Ordnung bleibt. Denn wenn er das tut, kann er ja in der Zeit keinen Fisch mehr für sich fangen. Durch mangelndes Management gibt es dann aber irgendwann keinen Fisch mehr.

Oder vielleicht würde der eine oder andere eine bessere Angel oder Fischereitechnik entwickeln, womit er ziemlich schnell alles abfischen würde und die anderen entweder hungrig sich selbst überlassen oder von sich abhängig machen würde, z.B. weil sie dann seinen Fisch kaufen müssten.

Aus diesem Beispiel wird klar, dass Zusammenarbeit ein wesentlich besserer Ansatz wäre. Wenn alle zusammen arbeiten und manche für bestimmte Aufgaben wie Aufzucht, Zubereitung oder Entwicklung neuer Techniken eingesetzt werden würden, würde sich die Gruppe eine ausreichende Versorgung und Einsatz bester und nachhaltigster Technik sichern, und es hätten alle etwas davon.

Anders ausgedrückt, haben die Leute *ihr Ziel vom Eigennutz zum Gemeinnutz hin verschoben*. Das ist genau das, was erfolgreiche Unternehmen tun. Sie nutzen

Zusammenarbeit, die auf ein gemeinsames Kernziel ausgerichtet ist: höchste Unternehmenserträge. Ein gemeinsames Ziel ist äußerst gewinnbringend.

Wir sind sieben Milliarden Menschen, die aus dem gleichen Fass namens Erde fischen. Wir haben *kein* gemeinsames Ziel und *keine* Teamkoordination, damit unsere Gesellschaft und unsere Biospähre in fairer und nachhaltiger Weise verwaltet werden kann. Handel, Regierung und Isolierung verhindern das erfolgreich.

In einer Offenen Volkswirtschaft verringern wir diese Einschränkungen und richten unser individuelles Handeln und unsere Prioritäten so aus, dass wir alle dieses gemeinsame Ziel verstehen und anstreben können: Ein besseres Leben für alle schaffen, während wir an einem besseren Leben für uns selbst arbeiten.

Unsere Prioritäten

Ich sehe uns in drei verschiedenen Lebens-„Domänen":

- **Mich Selbst** (einschließlich der engeren Familie)
- **Mein Umfeld** (Nachbarn, Gleichgesinnte, Kollegen)
- **Meine Welt** (alles andere)

Wir setzen unsere Prioritäten in dieser Reihenfolge, was durchaus normal ist. Was wir falsch machen, ist die Platzbelegung dazwischen. Wenn wir das noch einmal als Stufenmodell mit, sagen wir, zehn Plätzen darstellen, würde das etwa so aussehen:

1. **Mich Selbst**
2.
3.
4.
5. **Mein Umfeld**
6.
7.
8.
9.
10. **Meine Welt**

Macht das Sinn? Vielleicht würdet ihr sie geringfügig anders platzieren, aber ihr habt jetzt eine Idee davon, worum es geht. Sollte es immer noch nicht klar sein, dann seht euch einmal folgendes an: (vielleicht nicht 100%ig für jeden passend).

1. **Mich Selbst**
2. Mein Eigentum
3. Meine Religion / mein spiritueller Glauben
4. Mein Status / mein Ansehen
5. **Mein Umfeld**
6. Mein Lieblingssportverein
7. Meine Arbeit / meine Firma
8. Mein Land
9. Meine Lieblingsfernsehsendung
10. **Meine Welt**

Das soll natürlich nur als Beispiel dienen und darf nicht wörtlich genommen werden, aber eines wird damit klar: *Unsere Prioritäten für Lebensunwichtiges ist zu hoch gesetzt und die für Lebenswichtiges ist zu niedrig.* Was immer wir auch von Sport oder Religion halten, ohne unser Umfeld und unsere Welt können wir ganz einfach nicht überleben, und trotzdem räumen wir ihnen nicht den Platz ein, der ihnen zustehen sollte.

Wir sollten die gleiche religiöse Wichtigkeit, die wir unserem Land, unserer Familie oder unserem spirituellen Glauben einräumen, auch unserem *gesamten Lebensraum und unserem gemeinsamen*

Heimatplaneten einräumen.

Das ist kein Hippie-Ideal. Es ist auch kein utopischer Wahn. Oder Kommunismus. Das ist einfach *Physik*.

Wir sind alle untrennbar untereinander und mit unserem lebenden Heimatplaneten verbunden. Wettbewerb innerhalb eines geschlossenen Systems ist Selbstmord.

Selbstverständlich können wir als erste Priorität nur uns selbst den wichtigsten Platz einräumen – alles andere ergibt keinen Sinn. Aber wir sollten versuchen uns diesem Modell anzunähern:

1. **Ich Selbst**

2. **Mein Umfeld**

3. **Meine Welt**

4. ...alles andere

5. ...alles andere...

Jede dieser drei Domänen ist lebenswichtig für uns. Wir sollten ihnen äußersten Respekt zollen und sie und ihre Verbindung mit uns selbst als grundlegend verstehen.

Verlagerung unserer Prioritäten

Wie können wir also unsere Prioritäten ändern? Auf zweierlei Art und Weise.

Die erste ist, genauso, wie wir sie degradiert haben – über Informationskampagnen in Massenmedien und Werbung. Wir haben alles zur Verfügung, was wir dazu brauchen: Fernsehen, Radio, Presse und das Internet.

So wie man uns unser Konsumverhalten, unsere Unsicherheit und Neid durch wiederholte Werbesendungen für Produkte beigebracht hat, können wir auch ein verbessertes Wertesystem verbreiten, indem wir die konkreten Vorteile demonstrieren, die das Hinarbeiten auf ein gemeinsames Ziel bringt, nämlich füreinander und unseren Planeten da zu sein.

Ein gutes Beispiel ist Recycling, weil wir da schon riesige Fortschritte gemacht und Verhaltensänderungen erzielen haben – durch weitgestreute Werbeinitiativen. In weniger als zwanzig Jahren haben fast alle in der westlichen Welt ihre Müllentsorgungsgewohnheiten geändert und Recycling dank dieser Medienkampagnen akzeptiert.

Neue Denkweisen breiten sich wie ein Buschfeuer aus,

wenn sie erst einmal zur Mode geworden sind. Wir sollten uns einfach eingestehen, wie leicht man uns beeindrucken und sozial motivieren kann und das zu unserem Vorteil nutzen.

Wenn man uns darauf programmieren kann, Ikonen zu vergöttern, anderen zu gehorchen, giftiges Zeug zu kaufen und uns von sinnlosen Nachrichten ablenken zu lassen, dann können wir auch leicht dazu umprogrammiert werden, uns um das zu kümmern, was wirklich wichtig ist und uns um das Gemeinwohl zu bemühen.

Kurz gesagt, sollten wir uns mit dem „richtigen Material" neu programmieren.

Der zweite Weg, wie wir unsere Prioritäten verlagern können, ist im täglichen Leben. Als soziale Wesen ist die Art und Weise, wie wir handeln, außerordentlich ansteckend. Diejenigen unter uns, die schon wissen, wo unsere Prioritäten liegen sollten, können den „Wandel selbst" verkörpern und unser aller Gewohnheiten ändern, indem sie die neue Denkweise leben. Viele machen das auch schon so, und so verbreitet sich dieses Verhalten schnell.

Recycling war nur der Anfang. Das ist lange noch nicht alles. Wir müssen unsere Gewohnheiten noch weiter in Richtung Zusammenarbeit verändern und uns mehr in unserem direkten Umfeld engagieren, damit die Verbindung zur Natur wieder hergestellt werden kann, offen alles teilen, soweit wir können und anderen unsere bedingungslose Hilfe anbieten.

Teilen ist wahrscheinlich der mächtigste und klarste Ausdruck unserer Absichten. Aber ich möchte hier auch klarstellen, dass, wenn ich Teilen sage, ich nicht meine, dass die ganze Welt händchenhaltend „Halleluja" singen soll. So wird das vermutlich nie funktionieren. Ich habe eher an Zwischenmenschliches gedacht und an Teilen mit dem direkten Umfeld. Teilen sollte eine *zweite Natur* und *Grundanstandsregel der Menschen* werden, so wie es heute Höflichkeit und Manieren auch sind.

Man kann sich kaum vorstellen, wie schnell unsere Welt sich verändern würde, wenn bedingungsloses Teilen zu einer Art Epidemie würde!

Ablegen unserer künstlichen Limits

Dieses künstliche soziale Konstrukt entfernt uns Menschen von einander oder schränkt uns unnötig ein – und dabei existiert es nicht einmal in der materiellen Welt. Die Entfernung zwischen den Menschen, die einen normalen moralischen Umgang im Miteinander verhindert, schafft minderwertige Ergebnisse, Ungleichbehandlung und Ablehnung. Zum Beispiel:

- ➢ Grenzen – behindern den freien Personenverkehr

- ➢ Geld / Handel – schränken den Zugang zu Ressourcen ein

- ➢ Klassengesellschaft – schafft ungerechte Wohlstandsverhältnisse

- ➢ Exklusives Besitztum – vermindert den Zugang zu potentiell gemeinsam Nutzbarem

- ➢ Staaten / Gesetze – schränken Rechte durch Staatsbürgerschaft ein

- ➢ Intellektueller Besitz – schränkt die Möglichkeit ein, die Arbeit anderer zu verbessern

- ➢ Religion / Rassen – schafft Kultur- oder Stammesfeindlichkeiten[5]

---

5 Kämpfe zwischen Rassen oder Religionen können fast immer auf irgendeine

Wenn wir anfangen, unsere Prioritäten auf das Wesentliche zu konzentrieren, wird dieses künstliche soziale Konstrukt, das die Leute voneinander entfernt, allmählich auch allen immer klarer vor Augen geführt – genauso wie seine Unsinnigkeit.

Diese Spaltung, wie jedes Gesetz, kann nur solange existieren, wie es an Verständnis und Empathie mangelt.

Da sie nur in unserer kollektiven Vorstellung existiert, ist der einzige Weg sich ihrer zu entledigen, sie aus unserem Gedächtnis zu verbannen. Das können wir erreichen, indem wir sie einfach in krassen Gegensatz zu den Dingen stellen, die *wirklich zählen*. Mit der Zeit und dem kollektiven Wandel hin zu unseren echten Zielen wird alles Imaginäre auf natürliche Weise verschwinden. Wir bevorzugen automatisch das, worauf wir uns am meisten konzentrieren.

Unsere Geschichte hält jede Menge Beispiele von „Fakten" parat, die mit neuen Erkenntnissen ganz schnell in Vergessenheit geraten sind. Kann man sich heute noch vorstellen, dass Rauchen einmal gut für uns war? Oder dass Farbige und Frauen für minderwertig gehalten wurden? Oder dass die Sonne um die Erde kreiste?

Unsere Ideen und Konzepte entwickeln sich ständig

Art Klassen- oder Ressourcenkämpfe zurückgeführt werden und werden selten wegen Kulturunterschieden geführt.

weiter. Eines Tages werden unsere Nationen zu bloßen geografischen Regionen. Die Klassengesellschaft, Armmut und Ungleichbehandlung werden Kuriositäten der Geschichte. Geld und Arbeiten, um zu überleben – unvorstellbar.

Und wenn wir diese imaginäre Trennung nicht mehr haben, sind wir auf natürliche Weise gezwungen, uns mehr miteinander zu befassen, und unser Verständnis füreinander wächst.

Verständnis ist der Schlüssel zu Einfühlungsvermögen und Mitgefühl – und letzten Endes zum Weltfrieden.

Leben in einer Offenen Volkswirtschaft

Die meisten Leute, die eine geldlose Gesellschaft schon einmal in Betracht gezogen haben, wissen dass wir über die Technologie verfügen, die eine Welt im Wohlstand möglich macht, die ohne Einschränkungen und Ungleichbehandlung durch Handel und Regierung funktioniert, und wie einfach die menschliche Arbeitskraft effizient automatisiert werden kann.

Ohne Knappheit und mit einer massiven Reduzierung an Arbeitskräften wird Geld ganz einfach überflüssig. Soviel zur Theorie. Aber das ist nicht alles, und es überzeugt auch die meisten Leute nicht, wenn sie diese Theorie zum ersten Mal hören.

Meiner Meinung nach sind wir von dieser Art super-fortschrittlicher „Star Trek" Gesellschaft ohne Geld noch ein gutes Stück weit entfernt. Nicht weil wir die Technologie nicht hätten, sondern weil wir das notwendige Verständnis nicht haben, dass wir so etwas leben können.

Eine freie Gesellschaft sollte auch einfach nur das sein – ohne Limits, selbstbestimmend und sich selbst regulierend, so dass jeder seinen optimalen Nutzen daraus ziehen kann. Dazu brauchen wir eigentlich gar keine Technologien, sondern müssen nur unsere Prioritäten gemeinsam anders setzen. Wie würde denn ein normaler Geschäftsalltag in einer Offenen Volkswirtschaft aussehen? Wie würde diese Gesellschaft funktionieren? Wie erhalten wir ein bestimmtes Niveau an Ordnung und Wirtschaftlichkeit in einer total freien Gesellschaft ohne Ordnungshüter?

Sozialer Zusammenhalt

Fangen wir einmal ganz von vorne an – Sozialer Zusammenhalt ist der Stoff, der unsere Gesellschaft am Leben erhält. Wir sind soziale Wesen. Wir machen allgemein gerne Sachen gemeinsam. Also ziehen uns Gruppen, Teams, Dörfer und Städte an.

Das alles kommt vom menschlichen Grundbedürfnis der Zugehörigkeit. Angefangen bei unseren Städten, unseren Kulturen, unseren Religionen und bis zu unserem grandiosen ungeschriebenen „Sei gut zu anderen"-Sozialabkommen – das alles kommt von diesem Bedürfnis.

Sozialer Zusammenhalt ist, was uns auf natürliche Weise verbindet – selbst beim Festhalten an unserem unfairen, überholten System mit all seinen Schwächen. Das kommt daher, weil die meisten Leute eher einem weitverbreiteten Konsens zustimmen als neuem, radikalem Denken. Die Tatsache, dass dies unser System aufrecht erhält trotz offensichtlicher Ungerechtigkeit und Leiden, zeigt uns doch nur noch einmal, wie mächtig dieser soziale Zusammenhalt ist.

Jetzt kann man sich auch vorstellen, wie viel Macht diese Kraft in einer Gesellschaft hätte, die allen ein positives Bild vom Leben, der Gesundheit, der

Artenvielfalt und Glück vermitteln würde. Sozialer Zusammenhalt ist die *Urkraft*, die eine offene Volkswirtschaft erst ermöglicht und am Leben erhalten wird.

Und das ist genau der soziale Zusammenhalt, gegen den die meisten Verfechter der Offenen Volkswirtschaft im Moment kämpfen. Sie stoßen auf die Abwehr der Leute, die ihre gewohnten Ideen und Normen nicht ablegen wollen. Aber wir wissen, dass sich das jeden Tag ändern kann, sobald diese Leute selbst auch anfangen, die Logik und Ungerechtigkeit des derzeitigen Systems zu hinterfragen.

Je mehr Leute ihre Vorstellungen ändern, umso mehr „normalisieren" sie auch das Umfeld für andere, die es ihnen dann nachmachen. Deswegen ist es so wichtig, dieses neue Gedankengut an andere weiter zu geben. Auch wenn die Leute im Moment noch nichts damit anfangen können, kann ihnen das eventuell als Anhaltspunkt für später dienen.

Sozialer Zusammenhalt ist der Garant für Ordnung, soziales Gleichgewicht und Erfolg in einer Offenen Volkswirtschaft. Je mehr Menschen daran teilhaben, umso stärker wird der Zusammenhalt.

Selbstbestimmung

Die meisten Leute verstehen die wahre Bedeutung des Begriffs Anarchie nicht einmal ansatzweise – das geht so weit, dass ich es fast aufgegeben habe, ihn zu benutzen. Er wurde jahrelang von den Medien und dem vorherrschenden Denken mit Begriffen wie Unordnung, Chaos und Gewalt in Zusammenhang gebracht. Aber das ist nicht Anarchie – sondern nur Unterdrückung, die sich Luft macht.

Wie oft kann man auf dem Bildschirm junge Leute in Krawallen sehen, wie sie Steine werfen und Geschäfte plündern, mit Kommentaren zu diesen „Ausschreitungen", die neue Gesetze verlangen, um das in Zukunft zu unterbinden. Hier liegt ein ernstzunehmendes Missverständnis vor.

Szenen wie diese sind in Wirklichkeit eine *Reaktion auf Unterdrückung*. Was *davor* passiert ist, hat diese Szenen ausgelöst. Das ist *Wut*, keine Anarchie. Das sollten wir uns immer vor Augen halten.[6]

Die einfachste Art Anarchie zu beschreiben, ist einen Blick ins Tierreich zu werfen. Tiere sind im Allgemeinen Kreaturen, die unter „stabilen

---

6 Wer denkt, dass dieses „Missverständnis" absichtlich von den Medien beibehalten wird, hat nicht ganz unrecht. ;)

Lebensumständen"[7] friedlich mit anderen zusammenleben. Der einzige Grund, warum ein Tier überhaupt gewalttätig wird, ist wenn es töten muss, um zu fressen, oder wenn man es bedroht.

Das ist Selbstbestimmung – das *Standardverhalten aller Lebewesen*. Außer in lebensbedrohlichen Situationen, leben alle Tiere, einschließlich uns Menschen, in friedlichem Miteinander. Der simple Grund dafür ist, dass Friedlichkeit angenehmer ist als Gewalt.

Unsere Geschichtsbücher und Medien reden fast ausschließlich von aggressiven Kulturen, abscheulichen Gewalttaten und Folter – von Menschen, die sich gegen ihre Mitmenschen stellen. Das lässt den Eindruck eines blutrünstigen Homo Sapiens entstehen, der willkürlich alles, was ihm in den Weg kommt, mit einem Knüppel beiseite räumt, damit er bekommt, was er will. Aber dieser Eindruck ist *falsch* und noch dazu gefährlich; ein Missverständnis der Welt und unserer selbst.

Der Grund dafür ist einfach, weil er Kriege, Konflikte und Gewalt in Reportagen interessanter macht, die wir in Nachrichten in den Medien sehen oder in unseren Geschichtsbüchern lesen. Im Gegensatz dazu sind Frieden und Konfliktlosigkeit eher langweilig und

---

7   „Stabile Lebensumstände" weisen auf eine Umwelt hin, in der Knappheit und Gebietsansprüche kein Problem sind. In einer Offenen Volkswirtschaft würden die Rückkehr des Vertrauens in die Gemeinschaft und der erschaffene Wohlstand diese stabilen Lebensumstände hervorbringen.

keiner schreibt darüber – obwohl sie 99,999% des gesamten menschlichen Verhaltens ausmachen.

Jedem Wahnsinnigen, der eine Waffe in die Hand nimmt und damit Leute erschießt stehen Abermillionen von anderen Menschen gegenüber, die das *nicht tun*, aber davon bekommen wir ja nichts mit. Im wahren Leben sind unsere Erfahrungen statistisch gesehen so gut wie komplett friedlich.

Gesetze finden in einer selbstbestimmenden Gesellschaft keine Verwendung. Sie wurden ursprünglich dazu erfunden, private Interessen und Zahlungsforderungen durchzusetzen. In einer Welt des Wohlstands mit mehr Verbundenheit und Eigenverständnis wären Gesetze dementsprechend sinnlos.

Wir sind eine soziale Spezies. Wir *wollen* miteinander auskommen. Diese Erfahrung machen wir doch jeden Tag, wenn uns unsere Arbeits- oder Studienkollegen, unsere Freunde, unsere Familie und Fremde helfen – sogar in Krisenzeiten. Wenn kein Stress von außen auf sie einwirkt, sind Menschen gut zueinander.

Solange lebensnotwendige Bedürfnisse von der Gesellschaft abgedeckt werden, gibt es nichts, wofür es sich zu kämpfen lohnt – zumindest nichts, wofür es sich lohnen würde zu töten oder zu sterben.

Natürlich können wir nicht erwarten, dass Selbstbestimmung alle sinnlosen Gewalttaten oder asoziales Verhalten ausräumt, aber wenn Knappheit die Existenz des Menschen nicht mehr bedroht, können wir mit ziemlicher Sicherheit davon ausgehen, dass sich diese Vorfälle auf ein Minimum reduzieren werden. (Siehe auch *Strategien zur Gewaltlosikeit*, S.74)

Vielleicht sollte auch noch erwähnt werden, dass sinnlose Gewalt und asoziales Verhalten mit unserer heutigen Gesetzgebung *zum Alltag* gehören und fast immer direkt auf Knappheit und Ungleichbehandlung zurückzuführen sind. Die Annahme, dass ein solches Verhalten in einer teilnahmsvollen Wohlstandsgesellschaft zunehmen könnte ist absolut absurd.

Natürliche Grenzen

Sicherlich habt ihr irgendwann einmal einen Gast bei euch zuhause zum Übernachten gehabt. Ihr könntet euch wie üblich zuhause bewegen, wie ihr wollt, ihr seid ja zuhause. Aber auch wenn eure Gäste nicht in ihrem Zimmer sind, fühlt es sich doch so an, als ob es „deren" Zimmer sei, oder? So etwa wie, ich kann da jetzt nicht einfach rein gehen, um etwas zu holen, ohne zu fragen.

Dieses „Ich-gehöre-da-nicht-hin"-Gefühl ist unser ureigenster Sinn persönlicher Grenzen. Man fühlt sich, als ob man zu weit in die Sphäre eines anderen eingedrungen sei.

Das ist ein natürlicher Sinn, die Privatsphäre und Grenzen anderer zu respektieren. Daher kommt der moderne Aspekt von Eigentum – und nicht umgekehrt. Eigentum ist ein Ansatz, diesen Sinn zu formalisieren und zu quantifizieren. Und wir wissen, wie viele Probleme uns dieser abgrenzende Besitzmechanismus bereitet mit seiner Monopolisierung von Ressourcen, mit Kapitalanhäufung und Ausschluss derer, die den geforderten Preis nicht bezahlen können.

Die Möglichkeit Kapital anzuhäufen oder Ressourcen zu horten, die wir in einer Offenen Volkswirtschaft nicht mehr haben, hat keine Auswirkungen auf unsere natürlichen und impliziten Eigentumsrechte. Euer heutiges Eigenheim würde sich in einer Offenen Volkswirtschaft noch genauso wie ein Zuhause anfühlen, wegen genau dieses natürlichen Sinns für persönliche Grenzen und unseres Respekts vor Privatsphäre.

Offene Bildung

Um der Offenen Volkswirtschaft überhaupt eine Chance zum Erfolg und zum Überleben zu geben, ist eine radikale Reform unseres Bildungssystems unerlässlich. Lesen, Schreiben und Rechnen sind im Großen und Ganzen die Hauptprioritäten der heutigen Lehrpläne, aber bei Weitem nicht die wichtigsten Kenntnisse, die wir erwerben sollten.

Kinder *müssen* so früh wie möglich Zugang zu den wichtigsten Grundlagen haben, die ihnen erlauben, ein reiches und erfülltes Leben zu führen, sowie all die Kenntnisse erwerben, die sie zum Aufbau ihrer einzigartigen Persönlichkeit und für zwischenmenschliche und gemeinschaftliche Beziehungen brauchen. Diese Inhalte können so zusammen gelehrt werden, dass sie für Kinder mit unterschiedlichstem Kenntnisstand verständlich werden.

Der beste Weg, Bildung anzugehen, ist meiner Meinung nach, mit den drei zuvor erwähnten Domänen anzufangen: *Ich selbst*, das *Umfeld* und die *Welt*. In jeder dieser drei Domänen können drei Erkenntnisstufen gelehrt werden: *Bewusstsein, Respekt* und *Verständnis*.

Das Bewusstsein seiner Selbst, seines Umfelds und der Welt sind die Basis, die dann zu Respekt und weiter zum Verständnis führt, wo sie im täglichen Umgang erfahren werden. Im folgenden zeige ich einige Beispiele zu Themen in Stichworten auf , die man aus diesen Kernerkenntnissen ableiten kann:

Bewußtsein

➤ **Ich Selbst**: *Selbstverwirklichung, Funktionsweise des Körpers, Leben, Atmen, die Sinne, Selbstbewusstsein, Meditation.*

➤ **Mein Umfeld**: *Mein Platz in der Gemeinschaft, Bestätigung von Gleichberechtigung, Vertrauen, Einfühlungsvermögen und Mitgefühl.*

➤ **Meine Welt**: *Mein Platz in der Welt, der Lebenszyklus, andere Lebewesen, Natur im Gleichgewicht, die Nahrungskette.*

Respekt

➤ **Ich Selbst**: *Liebe zu sich selbst, Respekt und Verantwortung.*

➤ **Mein Umfeld**: *Sinn von Verwandtschaft und Mitgefühl.*

➤ **Meine Welt**: *Gefährdete Lebensräume, Ressourcen.*

Verständnis

➢ **Ich Selbst:** *Grundkenntnisse der Anatomie, Hygiene, Ernährung, Wasserhaushalt des Körpers, Umgang mit negativen Gefühlen und Problemen, Nahrungszubereitung, Kreativität, Entfaltung seines vollen Potentials.*

➢ **Mein Umfeld:** *Sinn und Zweck des Teilens, gemeinnütziger Tätigkeiten, Führung, Teamarbeit, zwischenmenschliche Beziehungen, erfolgreiche Kommunikation, Sex, Partnerschaft und Familie, Verantwortung, Streitschlichtung.*

➢ **Meine Welt:** *Wasser- und Nahrungskreisläufe, Landwirtschaft, Energiegewinnung, Nachhaltigkeit, Wirtschaftlichkeit, Technologie, Erhaltung natürlicher Lebensräume.*

Unser derzeitiges Bildungsmodell ist sehr stark auf Konformität und Auswendiglernen von Fakten aufgebaut, was bei Schülern weder Kreativität noch Individualismus fördert. Das liegt hauptsächlich daran, dass es nur einen einzigen Lehrer vorsieht und mit einem vereinheitlichten Prüfungsmodell arbeitet. Der Lehrer ist üblicherweise unter Leistungsdruck, muss bestimmte Erfolge erzielen und wird dadurch zum Herrscher über Fakten degradiert.

In einem Offenen Volkswirtschaftssystem können Gruppenlerntechniken angewendet werden mit einem Schülermix, gemeinsamem Forschen nach Fakten und dem Ziel, etwas als Gruppe zu entdecken. Auf diesem Wege wird Lernen zu einer vielfältigen Lehr- und Sozialerfahrung mit Lehrern, die eigentlich nur als Koordinatoren agieren, um den Schülern zu helfen, die Informationen zu finden, die sie suchen.

Gruppenlernen – ohne standardmäßige Prüfungen – braucht auch keine strikte Trennung der Schüler nach Alter. Schüler aller Altersstufen können dabei etwas lernen, ob sie nun selbst etwas entdecken, instruiert werden oder auch selbst anderen etwas beibringen.

Klassen mit unterschiedlichen Altersstufen würden auch dem künstlichen Wettbewerb entgegenwirken, der zwischen Kindern derselben Altersgruppe und desselben Entwicklungsstatus' besteht, was wiederum auch der realen Welt viel eher entsprechen würde.

Vereinheitlichte, wissenschaftliche Prüfungen würden durch regelmäßig durchgeführte Fähigkeitstests ersetzt, die den Schülern helfen, sich optimal gemäß ihrer Talente zu orientieren.

Das hauptsächliche Ziel des Lernens sollte es sein, junge Erwachsene heranzuziehen, die ihr höchstes Potential in ihrer Einzigartigkeit erreichen können und ein waches Verständnis und Respekt für die Welt, ihr Umfeld und die eigene *Person* haben.

In einer Gesellschaft ohne schonungslosen Wettbewerb kann Bildung viel mehr Spaß machen, motivierender, entspannter und eigenorganisierter sein und Kindern die Möglichkeit geben, ohne Versagensängste ihren eigenen Weg zu finden.

Natürlich werden Sprachen, Rechnen und Allgemeinwissen in einem System der Offenen Volkswirtschaft immer noch gelehrt, aber der entsprechende Lebenspraxisunterricht und soziale Kompetenzen *müssen Vorrang haben*, damit wir gesündere, glücklichere Menschen erziehen.

Anmerkung: Das Offene Bildungssystem könnte teilweise schon heute umgesetzt werden. Nichts spricht dagegen.

Sozialdienst

Viele Jobs, die in einer Gemeinschaft notwendig sind, würden ganz selbstverständlich von denen erledigt, die motiviert genug sind, ihre Zeit bedingungslos dieser Tätigkeit zu widmen, z.b. Lehrer, Ärzte und Facharbeiter usw. Aber es wird auf jeden Fall auch Jobs geben, für die sich nicht so einfach ein Freiwilliger finden lässt, weil es eben auch weniger angenehme Aufgaben in einer modernen Gesellschaft gibt, wie Straßenfegen, Abwasserkanalpflege, Anstrich öffentlicher Gebäude, usw.

Sozialdienst ist ein Konzept, das die meisten von uns schon kennen – aber wir assoziieren ihn eher mit Bestrafung armer Kleinkrimineller. Aber Fakt ist, dass ein gut organisierter Sozialdienst zweifellos der beste Weg ist, die wichtigsten Dienstbereiche fair unter der Gesamtbevölkerung zu verteilen und abzudecken.

Nur weil eine Gesellschaft nicht auf Zwängen aufgebaut ist, muss das noch nicht heißen, dass sie nicht gut organisiert sein kann. In der Verfügung einer Offenen Volkswirtschaft wäre verankert, dass jedes Mitglied der Gemeinschaft eine verantwortbare Mindestanzahl von Arbeitsstunden pro Monat zum Wohl der Gemeinschaft beitragen soll. Das wäre auch einer der Kernausbildungspunkte in Lebensführung.

Zudem muss man in Betracht ziehen, dass in einer Gesellschaft ohne konventionelle Anstellungsverhältnisse diese Sozialdienststunden ein Beitrag für die meisten Leute wäre, der sie nicht übermäßig in Anspruch nimmt.

Man könnte einen Monatsplan veröffentlichen, der alle benötigten Dienste und Arbeiten der Gemeinschaft auflistet, wo jedes Mitglied sich freiwillig für eine bestimmte Aufgabe eintragen kann, die seiner derzeitigen Qualifikation und Verfügbarkeit am besten entspricht.

Die Anzahl der erforderlichen Stunden pro Monat wäre natürlich von lokalen Faktoren abhängig, d.h. was gerade zu tun ist, wie hoch die Einwohnerzahl ist, nach Verfügbarkeit bestimmter Kompetenzen, wie komplex die Arbeiten sind usw., aber die Idee dabei ist, diesen Sozialdienstbeitrag pro Person so minimal wie möglich zu halten, indem man die Arbeiten so gut wie möglich unter der Gesamtbevölkerung verteilt.

Auch Kinder sollten so früh wie möglich aktiv für die Mitarbeit in Gemeinschaftsprojekten motiviert werden – und für möglichst vielfältige Aufgaben. Das würde ihnen helfen ihre eigenen Fähigkeiten zu entdecken, sich in die Gemeinschaft einzubringen und dadurch wertvolle Lebenserfahrung zu sammeln.

Es gibt keinen Grund, warum Gemeinschaftsarbeit in einer freien Welt lästig sein oder keinen Spaß machen sollte. Zum Beispiel könnte man sogar mit etwas Fantasie manche Aufgaben zu Sportveranstaltungen machen, in denen Teams beim Erledigen dieser Aufgaben gegeneinander antreten oder einen Wettbewerb für die innovativste Lösung starten.

Das ultimative Ziel bleibt jedoch, dass der Gemeinschaftsdienst nicht nur das abdeckt, was an wesentlichen Arbeiten zu tun ist, sondern auch eine tolle Erfahrung ist, die Menschen ausfüllt und motiviert.

Ressourcenverteilung

Eine Offene Volkswirtschaft braucht kein Geld und auch keine Regierung, um sich zu organisieren. Alles was sie braucht, ist ein gemeinsames Ziel und ein gut funktionierendes Informationsnetzwerk, damit seine Leistungsfähigkeit erhalten bleibt. Jede Gemeinschaft sollte ihr eigenes Informationszentrum besitzen – ein Ressourcen-, Mitglieder- und Kompetenzverzeichnis der Region. Solche Datenbanken könnten dann von den Benutzern selbst auf Stand gehalten und gepflegt werden und mit allen anderen Gemeinschaften verbunden werden.

Die Ressourcenabteilung könnte als kartographisches Verzeichnis und als Bedarfsmeldungseinrichtung dienen, wo Benutzer alle benötigten Ressourcen aufgelistet finden, sie suchen oder anfragen können. Mit Ressourcen meine ich alles, vom rohen Eisenerz bis zum Holzesstisch. Materielle Ressourcen aller Art, die jemand hat und teilen will, können in diese Datenbank eingetragen werden.

Jemand, der etwas braucht, sucht einfach in der Datenbank danach, findet den nächstgelegenen Treffer und stellt einen Anforderungsauftrag. Falls notwendig, könnten Anfragen nach Dringlichkeit und Ausmaß des Gemeinnutzes bewertet werden.

Zum Beispiel würde eine Gemeinde, die dringend Zement für das Ausbessern eines Brunnens braucht, Vorrang vor einer Privatperson haben, die Zement für den Bau einer Garage braucht.

Wie das Verzeichnis, wäre auch das Bedarfsmeldungssystem komplett transparent gestaltet, und ein Benutzer könnte jederzeit sehen, auf welchem Listenplatz sich seine Anfrage befindet und könnte auch die anderen Anfragen lesen. Ein völlig transparentes System ist der einzige Weg, um unnötige Missverständnisse und Konflikte zu vermeiden.

Artikel, die von A nach B geliefert werden müssen, könnten dann im Sozialdienstsystem in der Distributionsabteilung veröffentlicht werden, um einen Fahrer und LKW zu finden, der die angefragten Güter transportiert – wenn möglich auf einer schon vorhandenen Verteilerroute.

Die Kompetenzenabteilung wäre ein örtlich gegliedertes Verzeichnis, die all diejenigen auflistet, die anderen ihre Arbeitskraft oder speziellen Kenntnisse anbieten. Benutzer, die nach solchen Kompetenzen suchen; wären in der Lage, diese Leute direkt zu kontaktieren.

Jede Gemeinschaft, wie auch heute, hätte ihre eigenen „Geschäfte" oder Depots, zu denen jeder gehen kann, um das zu holen, was er braucht, wie z.B. Nahrungsmittel, Kleidung, usw. Die Bestände der

Läden würden von allen einfach dadurch verwaltet, dass sie lediglich das eintragen, was sie jetzt oder in Zukunft brauchen. Angebot und Nachfrage würden durch die ständige Eingabe von Benutzerdaten reguliert, die sich selbst auf Stand halten und optimieren.

Jeder, der Nahrung oder Güter produziert, könnte die Läden in seiner Gegend mit Produktion versorgen, die über seinen eigenen Bedarf hinausgehen. Und jeder in der Gemeinschaft würde einmal zur Verwaltung oder Reinigung der Läden beitragen, usw.

Biodynamischer Führungsstil

Nur weil eine selbstbestimmende Gesellschaft keine Regierung hat, heißt das noch lange nicht, dass sie auch keine Führungskräfte oder Rollenmodelle braucht. Führungspersönlichkeiten sind Menschen, die mehr Weitblick haben, die mehr Möglichkeiten sehen, die Probleme lösen können und die über etwas mehr Mut und Enthusiasmus verfügen, um andere in schwierigen Zeiten zu inspirieren. In einer Offenen Volkswirtschaft werden Menschen auch weiterhin nach Führungspersönlichkeiten suchen, die sie inspirieren und ihnen helfen.

Das heißt auch nicht, dass wir eine Führung brauchen. Führung ist nicht unbedingt hilfreich oder inspirierend, sie leitet nur an – normalerweise ohne wirklich dafür qualifiziert zu sein – und kreiert Diktaturen, wenn man sie nicht dran hindert.

Trotzdem ist eine gewisse Führungsstruktur einfach die geeignetste Art und Weise; komplexe Aufgaben zu bewältigen (ich denke z.B. an einen Filmregisseur). Im Biodynamischen Führungsstil würden Führungskräfte für eine spezielle Aufgabe vom Team aufgrund ihrer Kompetenzen und für die Laufzeit des Projekts nominiert.

Die Rolle einer echten Führungskraft umfasst eigentlich nur die Koordination dessen, was andere möchten, bzw. sie bestätigt nur, welcher vom Team vorgeschlagene Aktionsweg der beste ist. Teamleitung dieser Art hat nur dann eine Existenzberechtigung als solche, wenn sie auch gebraucht wird und auf einem Gesamtverständnis beruht, das wenn es einmal beschlossen ist, nur noch vom Teamchef abgesegnet wird. Und zwar nur für solche Entscheidungen, die auch in seinen Verantwortungsbereich fallen.

Arbeitszusicherung für Projekte

In jeder Gemeinschaft müssen hin und wieder Großprojekte unternommen werden – wie z.B. ein Brücken- oder Straßenbau, der Bau einer neuen Schule oder eines Krankenhauses. Das derzeitige Marktsystem funktioniert in dieser Hinsicht recht gut, da es Arbeitskräfte finanziell „festlegt", die für den Abschluss von Großbaustellen über Monate oder sogar Jahre kontinuierlich benötigt werden.

In einer Welt ohne Geld ist ständig rotierendes, freiwillig arbeitendes Personal aus den Gemeinden vor Ort für lange, komplexe Projekte vielleicht nicht die effizienteste Lösung oder in manchen Fällen einfach unmöglich zu finden.

Eine Lösung könnte ein Arbeitszusicherungsplan sein, für den Arbeiter, der gewillt ist, eine öffentliche Zusicherung für die gesamte Dauer des Projekts abzugeben.

Man kann davon ausgehen, dass für große Gemeinschaftsprojekte ziemlich leicht lokale Freiwillige gefunden werden können, für die dieses Projekt eine Verbesserung darstellt, von der sie direkt betroffen sind, aber dieser Einsatz alleine reicht für die Anforderungen eines Großprojekts nicht aus.

Jeder Interessierte könnte an einer Projektstart-Zeremonie teilnehmen, bei der er seine Zusicherung abgeben kann. Ein wichtiger Punkt dabei ist, dass die Projektleiter alle voll ins Projekt einbinden und eine feste Zusicherung der Mitarbeiter von *Anbeginn* anstreben, damit sich die Freiwilligen ihrerseits mit dem Projekt und seinem erfolgreichen Abschluss persönlich und emotional identifizieren können. Wenn Menschen in einem Team arbeiten, setzen die meisten sich voll ein, um nicht für ein eventuelles Scheitern des Projekts „verantwortlich" zu sein.

Wie für alle Sozialdienstleistungen, sollte der wichtigste Ansatz auch bei Großprojekten eine angenehme soziale Erfahrung für alle Beteiligten sein.

Da die zur Verfügung stehende Technologie immer besser und auf breiterer Ebene einsetzbar wird, werden auch arbeitsintensive Großprojekte immer weniger Personal benötigen, aber solange das noch nicht der Fall ist, könnte ein Arbeitszusicherungplan eine gangbare Lösung sein.

Gemeinschaftliche Prämiensysteme

Der Ansatz, Prämien zu vergeben ist, ziemlich tief in unserer Kultur verankert. Ich bin mir nicht im Klaren darüber, ob wir dieses grundlegend egoistische Prinzip der Prämienvergabe jemals ganz fallen lassen können – oder ob es sogar eine eher schlechte Idee wäre, das anzustreben.

Viele Anhänger einer Offenen Volkswirtschaft glauben, dass wir unser Ego überwinden können. Ich bin mir da nicht so sicher, weil das Ego in seiner grundsätzlichen Funktion ein Überlebensmechanismus ist und in seiner höchsten Entwicklungsstufe unsere Individualität verkörpert. In der Übergangsphase von der Marktwirtschaft in eine Offene Volkswirtschaft wird es meiner Meinung nach sicherlich Sinn ergeben, ein symbolisches Prämien- oder Würdigungssystem beizubehalten.

Ein gemeinschaftliches Prämiensystem[8] würde zur symbolischen Zahlungsmethode – eine Einrichtung, die es ermöglicht, Personen nach Wunsch zu prämieren oder ihnen eine Anerkennung auszusprechen und damit ihren öffentlichen Ruf zu verbessern.

---

8   Ein gutes Beispiel dafür gibt es bereits: HonorPay (honorpay.org) hat viele Benutzer und bietet den Anreiz und die Möglichkeit jemanden ohne Trophäen oder Geld zu honorieren.

Die Prämien haben keinen einlösbaren Wert und sind einfach nur ein Zeichen von Wertschätzung. In einer Welt, die ausschließlich auf Freiwilligkeit beruht, wird Anerkennung zu einem wertvollen Anreiz.

Das Offene Vorschlagsportal

Wenn viele Menschen von einem Vorhaben betroffen sind, wäre ein offenes Portal sinnvoll, auf dem sich jeder für oder gegen alle ihn betreffenden Entscheidungen aussprechen, seine Meinung äußern und selbst Anträge stellen kann.

Solch ein System wäre als Gemeinschaftszentrale einfach online umsetzbar und wäre so etwas wie eine Basisvoraussetzung einer Offenen Gesellschaft.

Jedes Mitglied könnte seine Ideen zur Verbesserung seiner Gemeinschaft einbringen, dann könnten andere Mitglieder dafür oder dagegen stimmen und den Vorschlag kommentieren. So würde ein Weg zur Gemeinschaftsverwaltung von unschätzbarem Wert geschaffen.

Solch eine Einrichtung würde vermutlich trotzdem wenig genutzt, da eine bewusstere, im Wohlstand lebende Gesellschaft wahrscheinlich darüber hinausgewachsen sein wird, alles auf Ja-Nein Abstimmungen zu reduzieren und müsste deswegen auch nicht mehr massenweise verärgerte Randgruppen außen vor lassen!

Allerdings könnte solch eine technologische Lösung, wenn sie heute umgesetzt würde, einen weit interessanteren und nützlicheren Zweck erfüllen.

In den vermeintlich demokratischen Ländern werden heutzutage die wichtigsten Entscheidungen bezüglich Budget, Gesetzen, Beschäftigung oder außenpolitischer Konflikte nie über ein Referendum von der Öffentlichkeit entschieden.

Die Verfügbarkeit einer solchen öffentlichen Wahlplattform würde den Menschen die Möglichkeit geben, über jedes einzelne Problem „abzustimmen", das unser heutiges Leben betrifft. Auch wenn diese Abstimmung kein „offizielles" Gewicht hätte, wäre es eine Möglichkeit für uns, kollektiv gehört zu werden. Zum Beispiel wäre es weit schwieriger für die Regierung einer Nation, ihre Politik durchzusetzen, wenn eine offene Abstimmungsplattform klar aufzeigen würde, dass der Großteil der Bevölkerung nicht damit einverstanden ist.

Eine solche Plattform könnte ein überaus wichtiger Schritt in Richtung Wandel sein und gleichzeitig die notwendige Technologie der zukünftigen Gesellschaft einbringen.

Kreative Schlichtung

Auch wenn wir die neue Welt noch so perfekt gestalten, wird es immer zu Meinungsverschiedenheiten unter den Menschen kommen, ob es nun um Beziehungsprobleme, persönliche Einstellungen und Land- oder sonstige Besitzansprüche geht. Das gehört zum Menschsein einfach dazu. Wir sind nicht perfekt – also ist es doch besser wir akzeptieren das einfach!

Der definitiv entscheidendste Faktor zur Problemlösung ist Schnelligkeit. Ungelöste Probleme erzeugen im Allgemeinen Stress, Feindseligkeit und Angst; explosive Potentiale für Aggression und Krieg. Je eher man eine Lösung findet, umso besser ist es also.

Wenn die Menschen nicht in der Lage sind, selbst ihre Lösung zu finden, wäre es für alle Parteien vernünftiger, einen unabhängigen Schlichter zu nominieren, dem sie beide vertrauen und der ihnen zu einer Lösung verhilft. (Jeder aus der Gemeinschaft, der gewillt ist zu helfen, könnte Schlichter werden.)

Aber definieren wir erst einmal, was wir unter „Lösung" verstehen. In der heutigen Welt werden Urteile durch Gesetze und Gerichte gefällt. Fast immer läuft das auf eine Wahl für oder gegen den

Angeklagten hinaus; einer gewinnt, einer verliert. Theoretisch ist das ja nicht falsch. Für eine dauerhafte Stabilität in einer Gesellschaft sollte aber *niemand* je als Verlierer dastehen müssen.

Wenn zum Beispiel zwei Parteien *A* und *B* über Besitzrechte streiten und ein Schlichter – der im Sinne des Gemeinwohls handelt – entscheidet, dass *A* eher Recht hat, würde das *A* und der Gemeinschaft dienen, aber *B* bliebe immer noch auf der Verliererseite. Auch wenn *B* den Entscheid vielleicht sogar akzeptiert, bleibt doch ein Gefühl von persönlichem Unrecht und/oder Unbehagen zurück, das sich zu einem der zuvor beschriebenen Aggressionspotentiale entwickeln könnte. Das muss nicht sein.

Mein Vorschlag wäre, beiden Partien anzutragen, ihre Anklage und den erwarteten Ausgang der Angelegenheit zu formulieren. Dann sollte jede der beiden Parteien, eine nach der anderen, dazu aufgefordert werden, Lösungen vorzuschlagen, die ihre eigenen, wie auch die Anforderungen ihres Gegners berücksichtigen – egal wie unmöglich sie erscheinen mögen. Diese mentale Übung erfordert Einfühlsamkeit, was zu einer für beide machbaren und vorteilhaften Lösung führt.

In einer Offenen Volkswirtschaft sollten wir uns *niemals* mit einem Ergebnis zufrieden geben, das auch nur eine einzige Person an den Rand der Gesellschaft drängt. Eine solche Sichtweise ist zu eingeschränkt. Es gibt *immer* eine kreative Lösung, die einen optimalen – und vorzugsweise für alle Beteiligten besseren – Ausgang einer Streitsache beibringt, und kein Fall sollte als gelöst betrachtet werden, solange das nicht erreicht ist.

Wenn die Einschränkungen einer traditionellen Gesellschaft einmal überwunden sind, ergeben sich viele neue Lösungswege. Warum würde zum Beispiel jemand einen Anspruch auf ein Haus erheben, wenn er ohne weiteres ein noch besseres woanders haben kann?

Kreative Schlichtung ist ein genialer Ansatz zur Lösungsfindung, weil er alle Parteien zufriedenstellt. Wir sollten uns nicht mit weniger abfinden müssen. Die am besten geeigneten Schlichter sind nicht unbedingt die weisesten, sondern die flexibelsten und kreativsten Problemlöser.

Strategien zur Gewaltlosigkeit

Die Umsetzung einer freien und im Wohlstand lebenden Offenen Volkswirtschaft ist der beste Weg, asozialem Verhalten die Existenzberechtigung zu entziehen und es generell zu vermindern, aber natürlich sind wir nicht perfekt und Gewalt sowie unsoziales Verhalten wird es immer in irgendeiner Form geben – auch wenn es im Laufe der Zeit drastisch zurückgeht.

Ein System mit Vorschriften, Gesetzen und Maßnahmen zur Kriminalitätsbekämpfung ist in einer selbstbestimmenden Gesellschaft weder möglich noch wünschenswert. Aber welche andere Lösung haben wir dann? Wie bringen wir die Leute dazu gewaltlos miteinander umzugehen? Wie halten wir Leute davon ab, Vorteile auszunutzen? Wie bestrafen wir Leute? Sollte überhaupt jemand bestraft werden?

Die Antwort ist ganz einfach: Gesunden Menschenverstand einsetzen.

Jeder Fall sollte als Einzelfall gewertet werden, lokale Faktoren in Bezug auf die Beteiligten berücksichtigt und mit gesundem Menschenverstand betrachtet werden. Mit kreativer Schlichtung können Konflikte gelöst und wenn möglich, ein optimales Ergebnis erzielt werden. Und wenn das nicht geht, weil jemand ständig anderen das Leben schwer macht oder gewalttätig ist, müssen Maßnahmen gegen denjenigen eingeleitet werden. Ganz einfach.

Zum Beispiel erlaubt es der gesunde Menschenverstand nicht, dass ein Amokläufer zum Massenmörder wird, ohne dabei von jemandem aufgehalten zu werden. Natürlich muss man da einschreiten. Wie und mit welchen Mitteln würde auf die Situation abgestimmt spontan entschieden werden. Eventuell wären drastische Maßnahmen notwendig.

Im Falle einer Festnahme wäre es äußerst wichtig, diese Person so schnell wie möglich wieder in die Gemeinschaft einzugliedern, da dies ihre beste Chance ist, ihre Verhaltensweise zu überdenken. Menschen, die sich von anderen wertgeschätzt fühlen, sehen sich weniger veranlasst sich aggressiv zu verhalten.

Heute sind Gefängnisse nicht viel mehr als ein Ort, in dem Leute weggesperrt werden, damit sie niemandem mehr etwas antun können, wo es doch so viele wirkungsvolle Rehabilitationsstrategien und -techniken gibt, die angewendet und weiter verbessert werden könnten, die aber zu teuer oder arbeitsintensiv sind, um erfolgreich umgesetzt zu werden.

In einer Offenen Volkswirtschaft gäbe es keine solchen Einschränkungen – und voraussichtlich auch weit weniger Inhaftierte – mit jeder Menge guter Berater, die motiviert genug sind, um ihre Zeit in diese Arbeit zu investieren.

Aber Bestrafung bleibt Bestrafung, was in einer Offenen Volkswirtschaft ganz klar der absolut letzte Ausweg bleiben sollte, aber wir dürfen uns nichts vormachen, drastische Umstände werden auch dann drastische Maßnahmen nicht verhindern, wenn man nach gesundem Menschenverstand handelt.

Ein gemeinschaftliches Leuchtturmsystem

Um sozialem Verfall vorzubeugen und zu verhindern, dass die Offene Volkswirtschaft wieder in die alten feudalen Strukturen abgleitet, ist eine Art Frühwarnsystem notwendig. Dieses System könnte eventuell in das Offene Vorschlagsportal integriert werden und wie ein Abwehrsystem für die Gemeinschaft im Allgemeinen funktionieren.

Wenn irgendwo Probleme mit Ressourcen oder Menschen untereinander auftreten und die Lebensqualität nicht mehr dem optimalen Niveau entspricht, dann sollten die Mitglieder dieser Gemeinschaft – wenn gewünscht anonym – die Allgemeinheit darüber informieren können, dass dieses Problem besteht.

Wie schon zuvor erwähnt, ist die Schnelligkeit der Lösungsfindung der Schlüssel zur Effizienz, ebenso wie ein kreativer Problemlösungsansatz.

Nehmen wir als Beispiel ein abgelegenes Dorf, dem lebenswichtige Ressourcen fehlen, weil ein Bauer der Region sich weigert sie zu liefern. Wenn ein solches Problem ignoriert wird, könnte sich das zu einer gewaltsamen Konfrontation zuspitzen, die ihrerseits Auswirkungen und weitgreifendere Konflikte nach sich ziehen könnte, usw.

Dieses gemeinschaftliche Leuchtturmsystem könnte benachbarte Gemeinschaften warnen, die dann eventuell recht schnell unparteilich einschreiten könnten und anhand kreativer Schlichtungsmethoden eine Lösung herbeiführen könnten oder wenn das nicht möglich ist, eine alternative Maßnahme zur Ressourcenbeschaffung für diese Gemeinschaft finden. Vielleicht würde es ja auch schon reichen, den Bauern davon in Kenntnis zu setzen, dass ihm sein Verhalten einen schlechten Ruf einbringt.

Alle großen Konflikte finden ihren Ursprung in kleinen ungelösten Problemen. Wenn kleine Probleme früh und wirksam gelöst werden, können größere komplett verhindert werden. Ein gemeinschaftliches Leuchtturmsystem scheint mir hier eine gute Voraussetzung für eine nachhaltig stabile Offene Volkswirtschaft.

Geschichten aus dem 'Wahren Leben'

Neue Ideen, wie die der Offenen Volkswirtschaft, verbreitet man am besten in Romanform mit Geschichten von Leuten in unterschiedlichen Lebenssituationen, in denen man erzählen kann, wie deren Leben durch den Einzug einer Offenen Volkswirtschaft beeinflusst und verbessert werden kann. Hier sind einige Beispiele.

Geoff der Postbote

Geoff ist Single, und als Postbote beginnt er seinen Tag früh am Morgen. An Wochentagen trifft er um 6:30 Uhr in der Poststelle ein und macht dann jeden Tag seine Runde bis ca. drei Uhr nachmittags. Er verdient gutes Geld und lebt zufrieden in seiner Kellerwohnung.

Als die Offene Volkswirtschaft angekündigt wurde, war Geoff wie die meisten Leute etwas verwirrt, fand aber die Idee toll, dass er nicht mehr jeden Tag so früh aufstehen und immer das gleiche machen musste. Bald nach der Einführung wurde Geoff zu einer Mitarbeiterbesprechung in der Poststelle eingeladen. Sein Chef, Julio, war erstaunlich guter Laune.

„Wie einige von euch wahrscheinlich schon gehört haben", sagte Julio, „hat das OE Übergangsgremium in den letzten paar Monaten einen Leitfaden an alle großen Dienstleistungsunternehmen verschickt..."

Geoff hatte nichts davon mitbekommen, aber es interessierte ihn. Julio fuhr fort.

„Grundsätzlich besagt der Leitfaden folgendes: Hier im Postdienst ist es von jetzt an allen Mitarbeitern freigestellt, ob sie weiterhin hier arbeiten möchten. Unser Unternehmen muss ab jetzt keine Profite mehr erwirtschaften und deswegen gibt es auch keine Gehälter mehr. Also kann jegliche Arbeit hier nur noch auf hundertprozentig freiwilliger Basis geleistet werden..."

Unter den Arbeitern konnte man einige unterdrückte Lacher hören.

„Aber," sagte Julio weiter, „die noch bessere Nachricht ist, dass wir in Zukunft viel weniger Post auszuliefern haben. Circa 80% der heutigen Post sind Rechnungen, Mahnungen und Kontoauszüge. Natürlich gibt es das alles nicht mehr, aber dennoch werden sich die Leute auch weiterhin noch manche Sachen per Post zuschicken wollen."

„Also richte ich mich jetzt an alle, die daran interessiert sind, als freiwillige Mitarbeiter weiter hier zu arbeiten. Wir müssen im Vergleich zu vorher noch ungefähr 20% der Mannstunden abdecken. Das heißt so um die acht Stunden Arbeit pro Woche. Ihr könnt das in zwei Vier-Stunden-Tage aufteilen oder wie auch immer ihr wollt.

Oder ihr könnt auch weniger arbeiten, wenn ihr euch mit euren Kollegen entsprechend absprecht."

Das hörte sich für Geoff vernünftig an. Vielleicht könnte er sich ja mit einem oder zwei seiner Kollegen arrangieren und zwei Acht-Stunden-Tage in einer Woche arbeiten und dann eine Woche frei machen.

„Ach und noch was…," warf Julio lachend ein, „wir brauchen auch nicht mehr so fürchterlich früh anzufangen..."

Alle kicherten.

„Business as usual ist jetzt vorbei!" verkündete Julio. „Die Poststelle öffnet ab jetzt um 9 Uhr..."

Da brach spontaner Beifall aus.

„Das einzige, was wir brauchen," sagte Julio, „ist eure feste Zusage für die Stunden, die ihr arbeiten möchtet – und dass ihr euch an diese Zusage haltet. Für eine funktionierende Dienstleistung ist das unumgänglich."

„OK, all diejenigen, die sich für ihre Stunden einschreiben möchten, kommt bitte nach vorne, damit ich eure Namen eintragen kann. Danke."

Geoff blieb erst einmal stehen und wartete ab, was passiert. Zu seiner Überraschung, traten viele vor, manche schauten umher, wie er auch, um zu sehen, wie sich die anderen verhalten. Dann ging Geoff nach vorne und verpflichtete sich für 16 Stunden die Woche. Julio bedankte sich bei ihm und gab ihm das Formular.

Im Hinausgehen bemerkte Geoff, dass drei oder vier der Kollegen das Gebäude verließen ohne sich einzuschreiben, aber die ca. 40 anderen blieben, unterhielten sich und trugen sich ein.

Er hörte zufällig, wie einer der Kollegen Julio fragte, was wäre, wenn er seine Meinung ändern würde.

„Überhaupt kein Problem, James," sagte Julio, „gib uns einfach frühzeitig Bescheid, damit wir den Dienstplan umstellen können, OK?"

Bill, Jenny, Jackie und Tyson

Bill ist jetzt schon seit fast drei Jahren arbeitslos; seitdem der ansässige Metallverarbeitungsbetrieb geschlossen wurde. Jenny hatte ihren Job im Kino noch, aber das reichte kaum zum Überleben. Jackie war damals dreizehn und die Bücher für's Gymnasium kosteten fast ein Vermögen – und ihr neulich entdecktes Interesse für Jungs und Mode wollen wir erst gar nicht einrechnen. Tyson war acht und ein liebes Kind, das nie auffiel, daher waren alle etwas schockiert darüber, dass er von anderen in der Schule schikaniert wurde.

In der Stadt, in der sie lebten, hatte sich die Offene Volkswirtschaft schon von ganz alleine eingeschlichen, weil die hohe Arbeitslosigkeit die Leute dazu zwang, Alternativen im Teilen zu suchen. Als die Landesregierung sie offiziell ankündigte, war das mehr eine Erleichterung als ein Schock. Jetzt konnten sie sich endlich organisieren.

Jenny hörte sofort auf im Kino zu arbeiten und bot sich als Lehrerin in der Schule an. Sie hatte das neue Handbuch der Lebenspädagogik gelesen, das in den Schulen im letzten Jahr die Runde gemacht hatte und war total beeindruckt davon. Endlich eine Schulausbildung, die sich auf ein besseres Menschsein konzentriert – anstatt nur aufs Arbeiten – und bei der niemand auf der Strecke bleibt. Sie wollte Teil davon sein, damit andere Kinder nie wieder so schikaniert werden und durchmachen, was Tyson durchgemacht hatte.

Bill hatte Tränen in den Augen, als die Metallfabrik wieder in Betrieb ging. Der ganze Maschinenpark war noch da, verstaubt, aber intakt. Anscheinend war den Insolvenzverwaltern selbst das Ausräumen zu viel Arbeit gewesen. Der frühere Eigentümer der Firma beschloss die Arbeit für die Gemeinschaft wieder aufzunehmen und bei der Herstellung der neuen, vom OV Planungskomitee vorgeschlagenen Gewächshäuser mitzuhelfen. Bill hatte sich sofort gemeldet.

Jackie war überrascht, als ihre Mutter sich zu ihr setzte und sie fragte, ob sie nicht Lehrerin in der Schule werden wolle.

„Mama, ich bin doch erst dreizehn," protestierte sie.

„Das spielt heute keine Rolle mehr. Wir lernen alle, und wir sind alle Lehrer. Wenn du jüngeren Kindern hilfst, lernst du auch. Wir nennen das Gruppenlernen."

„Dann werde ich Tyson unterrichten?", frotzelte sie und grinste ihn spöttisch an.

„Ja!" rief Tyson und hüpfte auf seinem Stuhl.

„Nein," insistierte Jenny. „Ihr werdet beide voneinander lernen."

Margaret

Seit ihr Mann vor zwanzig Jahren gestorben war, überraschte Margaret sich immer wieder selbst. Der kleine Weinberg, den sie damals zusammen gekauft hatten – den Charles ordentlich heruntergewirtschaftet hatte – war heute ein Unternehmen, das mehrere Millionen Euro wert war, dank ihres bislang unbekannten unternehmerischen Scharfsinns.

Nach vielen harten Jahren und einschneidenden Entscheidungen hatte sie das Gut eigenhändig in eine kleine Goldmine verwandelt, die mehr als dreißig Arbeiter beschäftigte.

Als sie vom Plan einer Offenen Volkswirtschaft von ihren Nachbarn erfuhr, regte sie sich fürchterlich auf. Sollte all die harte Arbeit, die sie in ihr Unternehmen gesteckt hatte auf einmal nichts mehr Wert sein? Bei einer Abstimmung würde sie sich mit Händen und Füßen dagegen wehren.

Eines Tages kam vom OV Planungsteam vor Ort ein großes Paket an. Sie fluchte und warf es weg.

Später kam ihre Tochter nach Hause, holte das Paket wieder aus dem Müll und warf einen Blick hinein.

„Mama," sagte sie, „das solltest du dir echt einmal durchlesen. Das hört sich, äh, klasse an..."

„Ach echt, nicht du auch noch, Liebes," brummte

Margaret. „Das ist ja so, als ob Die Körperfresser kommen würden." (AdÜ : Horrorfilm von 1978: Originaltitel „Invasion of the Body-Snatchers")

Am selben Abend, als Millie nach Hause gegangen war, nahm Margaret die Broschüre zur Hand, die ihre Tochter absichtlich offen auf dem Couchtisch hatte liegen lassen. Sie war nüchtern betitelt mit *„Welche Auswirkungen hat die Offene Volkswirtschaft auf ihr Unternehmen?"*. Sie fing an zu lesen:

„Warum sind Sie Unternehmer?"

„Vermutlich aus zwei Gründen: Ihre Arbeit ist nützlich und sie bringt Geld ein."

„In einer Offenen Volkswirtschaft brauchen wir kein Geld mehr. Es geht darum, eine Gesellschaft mit so viel Mitgefühl für andere und die Gemeinschaft als Wert zu schaffen, dass wir gegenseitig bedingungslos für einander sorgen. Wenn wir uns alle darauf einlassen, kann jeder von uns in unglaublichem Wohlstand leben – anstatt nur ein paar auserwählte Wenige."

„Wenn Sie ihr Unternehmen nur deswegen haben sollten, weil sie viel damit verdienen, dann erspart Ihnen die Offene Volkswirtschaft die ganze Mühe und Sie können ihr Leben im Wohlstand ohne den ganzen Stress eines Unternehmers leben."

„Wenn Sie ihr Unternehmen jedoch führen, weil Sie etwas Nützliches produzieren, dann tun Sie das bitte

auch weiterhin! Sie können weiter eine sehr wichtige Rolle in unserer Gemeinschaft spielen und haben jetzt auch noch die Möglichkeit, dieses „etwas" zu allerbesten Konditionen zu produzieren…"

Margaret war perplex. „Wie soll ich den noch besseren Wein ohne Mitarbeiter und Lieferanten herstellen?" brummelte sie. Sie las weiter.

„Können Sie sich vorstellen wie es wäre, wenn alle ihre Mitarbeiter engagiert wären – nicht wegen ihres Gehalts – sondern weil sie ihre Arbeit gerne tun – so wie Sie?

„In einer Offenen Volkswirtschaft arbeitet jeder an dem, was er gerne tut, und die restlichen Arbeiten werden unter der Gemeinschaft verteilt. Wenn Sie ihren Mitarbeitern ankündigen, dass wir eine Offene Volkswirtschaft einführen und ab jetzt nur noch freiwillig gearbeitet werden kann, dann können Sie sicher sein, dass diejenigen, die bei Ihnen bleiben, genauso motiviert sind wie Sie…"

Margaret versuchte, sich die Szene vorzustellen – die Ankündigung und Vorstellung, wer bleiben würde. Ohne große Überlegung dachte sie sofort an fünf hochqualifizierte Mitarbeiter, die definitiv da bleiben würden, und an ein paar andere, die wahrscheinlich gehen würden. Im Endeffekt, und wenn sie ehrlich war, waren diejenigen, die gehen würden sowieso diejenigen, die sie am liebsten von hinten sah! Und vielleicht würden ja, wenn die Offene Volkswirtschaft wirklich käme, zur Aushilfe echt passionierte Weinbauern zu ihr kommen?

Sie nahm einmal an, dass wenn alle Erntehelfer gingen, diese Arbeit eventuell als Gemeinschaftsdienst betrachtet werden könnte. Dann erinnerte sie sich an die Sommer, in denen all die Studenten zu ihr kamen und sie um Arbeit und freie Unterkunft baten. Sie ernteten nicht nur, sie amüsierten sich auch köstlich.

Sie fühlte sich plötzlich in einem Zwiespalt. Sie sah, wie das funktionieren könnte und, so vermutete sie, es würde schon dafür gesorgt, dass das auch klappt.

Und, wer weiß, vielleicht ist ja die Tatsache, ausschließlich aus Liebe zur Sache zu arbeiten, die beste Voraussetzung für einen beliebten Wein?

Shelley und Mark

Vor genau fünf Jahren hatte die Offene Volkswirtschaft in Mark und Schelley's Stadt offiziell Einzug gehalten. Obwohl es irgendwie gar nicht mehr ihre Stadt war, weil sie seitdem sehr viel herumgekommen waren. Sie waren jetzt Anfang dreißig und kamen eben erst wieder dorthin zurück, rechtzeitig zum fünften Jahrestag.

In den letzten fünf Jahren hatten sie in siebzehn verschiedenen Ländern gelebt, hatten Häuser über die „Zentrale" gefunden und sich in die jeweiligen Gemeinschaften vor Ort eingegliedert. Überall wo sie waren hatten sie gut gelebt, in mehreren fantastischen Projekten mitgearbeitet und tolle Freunde gefunden. Sie halfen in der enormen Solaranlage in Spanien mit, in einem selbstversorgenden Vertikal-Agrarprojekt in der Nähe von Moskau, auf Kreuzschiffen im baltischen Meer, im grönländischen Eisschild-Projekt, im mexikanischen Soja- und Dinkelanbau und hatten sogar eines der Flugzeuge in der brasilianischen Saat-Initiative gesteuert.

Ihre Welt faszinierte sie. Wie viele andere hatten sie die Filme von der *Offene Menschheit*-Gruppe gesehen, die im zweiten Jahr während ihrer *Saubere Erde*-Aufklärungskampagne herauskamen, die sie, wie viele andere auch, sehr inspiriert hatte.

Jetzt waren sie endlich wieder zuhause, und als sie den Bahnhof verließen, konnten sie sehen, wie sehr sich ihre Stadt verändert hatte. Es war so offensichtlich. Die Luft war klar und sauber. Keine Fahrkartenkontrollschranken. Keine Sicherheitsbeamten. Auf der Straße war außer einem entfernten Hundegebell nichts zu hören.

Obwohl Autos vorbeifuhren.

„Ah," sagte Mark, „Elektroautos! Schön leise."

Entlang der ganzen Straße sahen sie jede Menge Leute auf Fahrrädern, solche, die ihre Hunden spazieren führten, andere, die sich unterhielten oder spielten, als ob sie auf einer neuen Erwachsenenspielstraße wären.

„Siehst du das?" fragte Schelley Mark plötzlich.

„Was denn?" antwortete Mark.

„Niemand ist in Eile..."

„Oh stimmt," rief Mark, „und," sagte er, um sich blickend, „keiner trägt einen Anzug!"

„Ha ha!" Schelley lachte schallend.

„Erinnerst du dich noch," sagte er und nahm ihre Hand, „als wir uns da drüben im Park während deiner Mittagspause getroffen haben..."

„Ja und mein Absatz auf dem Weg zurück zur Arbeit abgebrochen ist..." kicherte sie. „Ich erinnere mich noch genau, wie mein Chef mich angestiert hat, als ich barfuß ins Büro kam… ha ha… übertrieben ernst und seriös…"

„Chef!" Mark platzte vor Lachen. „Wie lächerlich das klingt!"

Plötzlich erschien ein großer schwarzer Schatten über ihnen. Sie hörten auf zu lachen und blickten nach oben.

Über ihnen war ein gigantisches silbernes Luftschiff in Teddybärform mit Leuten, die ihnen von den Fenstern aus zuwinkten. Mark sah Schelley an.

„Sieht wohl so aus, als ob die Feierlichkeiten schon angefangen haben," rief er. „Dann mal los!"

Auf dem Weg in die Offene Volkswirtschaft

Wie kommen wir also dort hin?

Für die meisten Leute ist die Idee einer geldlosen „Utopie" sicherlich etwas Wünschenswertes – aber vielleicht in hundert Jahren oder so. Der einzige Grund dafür ist, dass diese Idee mit ihrer normalen Denkweise ganz und gar nicht in Einklang zu bringen ist. Geld ist heutzutage ein so selbstverständlicher Hauptbestandteil unseres Lebens. Diese Reaktion ist also durchaus verständlich.

Aber das ist aus zwei Gründen falsch. 1) Vieles, was die Offene Volkswirtschaft definiert, funktioniert heute schon und 2) Wir unterschätzen die Geschwindigkeit immer, mit der ein sozialer Wandel stattfindet, sobald eine Idee einmal angenommen wurde.

Es funktioniert schon

Internet und die Open Source-Bewegungen haben zweifellos bewiesen, dass auf freiwilliger Basis Fantastisches erreicht werden kann. Tolle Beispiele sind Linux, eines der beliebtesten Operationssysteme der Welt, Google Chrome (alias Chromium) ist der beliebteste Internetbrowser der Welt und Android die beliebteste Mobilgerätesoftware. Sie wurden alle ausschließlich von Freiwilligen auf der ganzen Welt entwickelt, und zwar anhand eines sich selbstorganisierenden Prozesses, den man „Forking" nennt, bei dem die besten Ideen und Ansätze sich auf ganz natürliche Weise durchsetzen.

Es gibt jetzt überall im Internet kostenlose Inhalte – Youtube, Wikipedia, Yahoo, Google, Facebook, etc. Obwohl die meisten heute Werbanzeigen in ihr Geschäftsmodell aufgenommen haben, fingen sie alle als hundertprozentig kostenloser Service an – und haben sich durchgesetzt. Die jüngeren Generationen erwarten heute, dass Inhalte wie Musik, Videos und Software kostenlos zur Verfügung stehen, weil es einfach zur Norm geworden ist.

Wenn man etwas im Internet stöbert, findet man in allen Bereichen immer mehr Freidenker-Projekte. Geschäftsinitiativen wie „Freier Preis" oder „Kontributionismus", wo man nur das zahlt, was man für angemessen hält, Seiten auf denen alles Mögliche kostenlos oder zum Tausch angeboten wird und Dienstleistungen wie *Freecycle, Free World Network, Timebanks, Street Bank* werden immer mehr genutzt. Ökobauprojekte wie *Open Source Ecology* und *Natural Homes* stellen einfache und gute Möglichkeiten zum Hausbau für wenig Geld vor. Eine Unmenge Bewegungen für das „Ende des Kapitalismus", wie *Occupy Wall St., Anonymous, The Free World Charter, Ubuntu, The Venus Project, The Zeitgeist Movement*, etc.

sehen alle eine kollaborative und geldlose Wirtschaft als die einzig überlebensfähige Zukunftslösung. Viele prominente und anerkannte Leute wie Russell Brand, Lee Camp, Paul Mason (Journalist), Jeremy Rifkin (Regierungsberater) nutzen ihren Bekanntheitsgrad, decken auf, was sich hinter den Kulissen wirklich abspielt und zeigen Alternativen auf. Mit der Zeit werden immer mehr Prominente diesem Beispiel folgen.

Und Seiten wie Uber und AirBnb zeigen doch, wie individualgesteuerte kollaborative Unternehmen das alte Model zentralgesteuerter Kontrolle aushebeln.

Aber abgesehen davon, besteht eine Offene Volkswirtschaft aus Vielem, was wir schon *immer* als ganz normal betrachtet haben.

Jeder einzelne von uns ist bereits Mitglied verschiedener geschlossener „Gesellschaften". Unsere Familien, unsere Freunde, unsere Arbeitskollegen, unsere Nachbarn. Immer wieder steuern wir in unserem Leben freiwillig zu diesen „Gesellschaften" bei, indem wir bedingungslos einen Beitrag leisten oder sie um etwas bitten, wenn wir selbst Unterstützung brauchen. Z.B. wenn dein Bruder irgendwo hingefahren werden möchte, ein Kollege Hilfe braucht, um etwas zu reparieren, wir etwas für einen Freund einkaufen oder wir einen Rasenmäher vom Nachbarn ausleihen, etc.

Diese Gesten bedingungslosen Gebens und Teilens sind für die meisten von uns so selbstverständlich, dass wir dem gar keine Bedeutung mehr beimessen, dabei ist das genau die Verhaltensweise, die eine Gesellschaft menschlich und lebenswert macht und die Grundbausteine einer Offenen Volkswirtschaft darstellen.

Und diese Hilfeleistungen beschränken sich nicht nur auf Menschen, die wir kennen und lieben. Wir helfen auch denjenigen, die wir nicht kennen. Wir sind eigentlich alle jederzeit bereit, jemandem zu helfen, der hingefallen ist oder etwas fallen gelassen hat; wir spenden Fremden in Not Geld in Hilfsaktionen; wir halten in Krisenzeiten zusammen – selbst wenn wir uns dabei selbst in Gefahr begeben; wir geben unser Bestes, um einem Fremden zu helfen, der nach dem Weg fragt oder wir halten die Tür für jemanden hinter uns auf.

Das sind die Gesten, die eine Offene Volkswirtschaft ausmachen und die wir heute bereits alle leben!

Das Verhalten und die Voraussetzungen für eine natürliche Zusammenarbeit sind bereits vorhanden. Wir müssen es nur noch auf mehr als unseren Freundeskreis, unsere Familie und über Krisenzeiten hinaus anwenden und es außerhalb unseres Bedürfnisses nach Ansehen als weltweiten Zugehörigkeitssinn und gegenseitige Verantwortung einsetzen.

Es ist nur noch ein kleiner Schritt der Veränderung unserer Verhaltensweise notwendig. Und wenn wir erst einmal sehen, dass andere uns entgegenkommen, wird dieses Verhalten sich in unserer Psyche festigen. *Wenn wir einen Vorteil in einer Verhaltensweise sehen, neigen wir dazu, dieses Verhalten zu kopieren.*

Die Schnelligkeit sozialen Wandels

Da wir eine so enge, soziale Verbindung haben, erreichen uns Informationen sehr schnell, wenn sie einmal in unserem Netzwerk aufgetaucht sind. Wenn jemand etwas Besonderes erfunden oder eine tolle Entdeckung gemacht hat, weiß kurze Zeit später jeder davon.

Als Mobiltelefone herauskamen, war das etwas Revolutionäres. Sofort wollte jeder eines haben. Natürlich war die Technologie noch recht primitiv und unglaublich teuer, aber die Nachfrage war so groß, dass sich die Technologie sehr schnell weiter entwickelt hat. Zwanzig Jahre später hat heute fast jeder auf diesem Planeten ein Mobiltelefon.

Wie sieht es mit Verhaltensänderungen aus? Das allerbeste und neueste Beispiel ist Recycling. In den frühen 90er Jahren bekamen unsere Regierungen von Umweltwissenschaftlern immer mehr Druck bezüglich der Gefahren des Klimawandels.

Diese Art sozialen Wandels ist mit dem der

Mobiltelefone nicht zu vergleichen, weil keiner einen direkten Vorteil vom Recyceln hat. Und trotzdem ist der Recyclinggedanke mit Hilfe von verstärkten Medien- und Aufklärungskampagnen zur Mode geworden. Jetzt trennen fast alle Haushalte in der westlichen Welt aktiv und verantwortungsbewusst ihren Müll.

Dieses Recyclingphänomen ist überaus wichtig, weil es nicht aus Eigennutz entstanden ist. Ihm liegt ein gemeinnütziger Gedanke zugrunde, der das Verhalten von Milliarden von Menschen erfolgreich gewandelt hat.

Genau dieser Mechanismus wird die Offene Volkswirtschaft möglich machen, wenn der Wunsch danach groß genug geworden ist.

Die Offene Volkswirtschaft heute

Im Gegensatz zum Recycling wird der Wandel diesmal wahrscheinlich nicht von den Führenden des aktuellen Systems herbeigeführt, weil sie persönlich viel zu sehr darin eingebunden sind. Vielleicht ändert sich das eines Tages, aber jetzt ist es vielmehr an Leuten wie mir und dir und den Millionen anderer, als gutes Beispiel voranzugehen und der Welt die Offene Volkswirtschaft vorzuleben.

Jetzt, wo die Idee zu teilen und zur Zusammenarbeit schon zur lebensfähigen Alternative erklärt worden ist, sind soziale Netzwerke und das Internet voll davon. Aber das Bedürfnis zu teilen muss noch eine kritische „Nützlichkeitsschwelle" überschreiten, ab der es das vorherrschende Marktsystem infrage stellt. Wenn das passiert, wird es so schlagkräftig, dass es auch die etablierten Medien nicht mehr einfach ignorieren können. *Dann* ist der Punkt erreicht, an dem der Wandel erdbebenartig ausbricht.

Obwohl eine erfolgreiche Offene Volkswirtschaft eigentlich die Mitarbeit aller erfordert, um den gewünschten Wohlstand und die Qualifikationsvielfalt zu schaffen, gibt es doch viele Ansätze, die wir heute schon leben können. Wenn wir schon heute damit anfangen, entfernen wir uns nicht nur vom alten

System, sondern lernen und verbessern das neue System und zeigen dabei anderen nebenbei noch, wie das geht.

Teilen!

Wir sollten uns daran gewöhnen, unsere Zeit, unser Wissen und Besitztümer mit Leuten zu teilen, die wir kennen. Dabei helfen Seiten wie *Freecycle, The Free World Network, Freegle, Streetbank, Timebanks, Hylo*. Dort kann man nach allem möglichen Nützlichen suchen und in der Nähe finden, die Artikel einfach abholen oder ausleihen oder einen Service in Anspruch nehmen, den jemand anbietet.

Öffentliches Teilen

Gründet Gruppen für Freies Teilen in eurer Umgebung. Es gibt viele Beispiele und Anleitungen dafür. Dazu könnt ihr euch die *Community Sharing Circle* Idee auf der Freeworlder.com Seite einmal ansehen. Für größere Gruppen oder Dorfgemeinschaften ist *Ubuntu Contributionism* ein gutes Beispiel.

Wenn ihr einen Verkaufsraum, Laden oder eine Ecke in einem öffentlichen Areal zur Verfügung habt, stellt einen „Gib oder Nimm"-Stand oder ein „Öffentliches Regal" auf, wo die Leute ohne Bezahlung etwas mitnehmen oder da lassen können.

Selbstversorger

Selbstversorger zu sein ist eine sehr attraktive Lebensweise und für manche ein Akt der Rebellion, aber man sollte dabei folgendes bedenken: Wir sollten eine Gesellschaft anstreben, die zusammenarbeitet. Ein Leben als Selbstversorger ist ein nur auf sich selbst bezogenes Leben und folgt damit den gleichen Grundsätzen, die uns dahin gebracht haben, wo wir heute sind.

Trotzdem sollten wir uns darum bemühen, uns weniger von anderen abhängig zu machen und eigenverantwortlicher werden. Sein Essen selbst anzubauen ist so einfach, man braucht nur etwas Geduld – und ob man es glaubt oder nicht, es wächst von ganz alleine – und kostenlos! Und wenn man zu viel davon hat, kann man die Früchte seiner Arbeit noch mit anderen teilen!

Man kann noch viele andere nachhaltige Methoden anwenden, wie Solarwassererhitzer, Regenwassertonnen oder die Nutzung alternativer Brennstoffe für Fahrzeuge und Heizung. Die meisten kosten zwar Geld, aber mit etwas Einfallsreichtum und Hilfe aus dem Internet findet man normalerweise günstige oder sogar kostenlose Alternativen.

Bilde dich selbst weiter!

Heutzutage gibt es so gut wie keine Ausrede mehr,

warum man jemanden dafür bezahlen sollte, etwas für einen zu erledigen, wo man es doch selbst lernen kann! Hilfen und Anleitungen für fast alles Notwendige findet man in Videos auf Youtube oder Wikihow. Vom Haareschneiden über Gemüseanbau bis hin zu Autoreparaturen – alles ist abrufbar, weil sich jemand freiwillig die Mühe gemacht hat, es zu veröffentlichen! Weiterbildung ist Macht.

Wenn ihr also ein besonderes Können oder Wissen habt, das ihr weitergeben könnt, warum nicht ein Video davon machen und es anderen beibringen?

Werkzeugbibliotheken

Es gibt vielleicht schon eine Werkzeugbibliothek in eurer Gegend. Wenn nicht, baut eine auf. Das ist eine tolle Möglichkeit, Werkzeuge und Geräte zu teilen, die man selten benutzt. Und weil ja jeder die Grundidee einer Bibliothek schon „kennt", versteht auch jeder gleich wie so etwas funktioniert und welche Vorteile damit verbunden sind.

Car-Pooling / Mitfahren

Das ist nicht nur einfach eine praktische Möglichkeit für alle, die für regelmäßige Fahrten weniger Geld ausgeben möchten, sondern auch eine gute Gelegenheit, grundlegende Vorteile und das Potenzial einer Offenen Volkswirtschaft mit dem Fahrer oder

Mitfahrer zu diskutieren.

Man kann wohl davon ausgehen, dass diese Leute dann offen genug sind, als dass sie euch nicht auf der Straße stehen lassen!

Open Source nutzen

Nutzt Open Source Software auf eurem Computer. Linux und Ubuntu haben jetzt echte Fortschritte gemacht und können Windows echte Konkurrenz bieten. Open Office und Libre Office bieten dieselben Funktionen wie Microsoft Office, Word oder Excel. Gimp ist wirklich gut oder sogar besser als Photoshop, Audacity ein tolles Tonstudio, VSDC ein leistungsstarkes Videobearbeitungsprogramm. Das sind nur einige Beispiele unter vielen. Im Internet findet man schnell noch mehr für alle möglichen speziellen Interessensgebiete.

Baut euch euer eigenes Haus

Ihr sucht ein Haus? Ein Ökohaus kann man aus Materialabfällen oder Recyclingmaterial selbst neu bauen. Auch hier findet man dank Internet haufenweise Informationen und Anleitungen, die helfen, das eigene Haus komplett selbst zu bauen. Diese Ökohäuser sind im allgemeinen viel energieeffizienter und kosten nur einen Bruchteil dessen, was man für ein normales Haus bezahlt.

Natürlich kann diese Bauart ziemlich arbeitsintensiv sein, aber wenn ihr dran bleibt oder viele Freunde habt, ist das ganz leicht! Informiert euch über *Earthships, Natural Homes* und *Open Source Ökologie* und ihr werdet viele tolle Ideen finden. An lebenslange Kredite braucht ihr dabei nicht einmal ansatzweise zu denken.

Repair Gurus

Wir sollten die liebevolle Kunst des Reparierens und Wiederverwertens von alten und kaputten Sachen wieder aufleben lassen. Zu Zeiten unserer Eltern und Großeltern war das einmal alltäglich. Heute haben Plastik- und Wegwerfkultur diesen Weg komplett verbaut. Fast alles, was nicht mehr zu reparieren ist kann man noch für etwas anderes benutzen, also nicht einfach alles wegwerfen – kreativ sein!

Repair Cafés

Wer gerne Sachen repariert, sollte nach einem Repair Café Ausschau halten oder selbst eines aufmachen. In Europa werden diese Cafés immer beliebter und für diejenigen, die Platz haben, ist es ganz einfach eines zu eröffnen. Die Idee ist, dass Leute dahin kommen, um ihre Sachen reparieren zu lassen und währenddessen einen Kaffee trinken und plaudern können. Das ist eine tolle, soziale Initiative und natürlich ist es jedem freigestellt wieviel oder ob er überhaupt etwas dafür bezahlen will.

Vegan leben!

Dieses Thema steht zwar nicht in direktem Zusammenhang mit der Offenen Volkswirtschaft, hat aber direkt mit Mitgefühl, Gesundheit und der Umwelt zu tun.

Abgesehen davon, dass man Tieren damit einige Qualen erspart, gibt es jetzt überzeugende Beweise dafür, dass eine pflanzlich basierte Ernährung besser für den Körper ist und dass Massentierhaltung eine der hauptsächlichen Ursachen für den Klimawandel ist, der durch Methangas-Ausstoß und Abholzung der Wälder für mehr Weideland hervorgerufen wird.

Es gibt inzwischen jede Menge Alternativen zu Fleisch, Milch und Käse, womit die Umstellung ganz einfach wird!

Bewusstsein schaffen

Erzählt Leuten, die ihr kennt von euren „freiwilligen" Aktionen. Stellt ihnen die Idee einer Offenen Volkswirtschaft vor. Postet diese Ideen auf euren Seiten in sozialen Netzwerken. Informiert euch über Initiativen wie *The Free World Charter, The Zeitgeist Movement, The Venus Project, Ubuntu, New Earth Nation, The Money Free Party, Resource-Based Economy.* Es gibt heute jede Menge Material zu diesem Thema im Netz, das euch helfen kann, die Idee weiterzutragen.

Macht Werbung für dieses Buch

Ich habe dieses Buch mit Absicht kurz, einfach und so kostengünstig wie möglich gehalten, damit ich so viele Leute wie möglich mit meiner Idee erreiche.

Ihr könnt gerne aus diesem Buch zitieren, es in euren sozialen Netzwerken teilen oder es an eure Freunde weitergeben. Wenn ihr möchtet, könnt ihr es nachdrucken[9] und die Kopien verteilen oder sogar denjenigen in eurer Umgebung verkaufen, die für diese Ideen offen sind.

Der Wandel fängt bei uns an, warum nicht gleich loslegen?

Die Offene Volkswirtschaft

freeworlder.com/openeconomy

---

9 Lizenzen zum Nachdrucken können direkt beim Author erfragt werden. Siehe Innenseite Titelblatt.

Empfohlene Webseiten

www.freeworldcharter.org

www.freeworlder.com

www.thezeitgeistmovement.com

www.thevenusproject.com

www.newearthnation.org

www.ubuntuparty.org.za

Stichwörter zum Googeln auf Youtube:

'make everything free'

'moneyless world'

'zeitgeist addendum'

'jacque fresco'

'contributionism'

'resource-based economy'

'peter joseph'

'alan watts'

'gift economy'

Vom selben autor:

F-Day: The Second Dawn of Man

Bei amazon erhältlich
(derzeit nur in englischer originalausgabe)

www.ingramcontent.com/pod-product-compliance
Lightning Source LLC
Chambersburg PA
CBHW060622210326
41520CB00010B/1431